KB058141

불법행위에 기인한 손해배상 위자료 청구소송
명예훼손·모욕·폭행·상해·협박 등 실무지침서

불법행위 손해배상 위자료청구

편저 : 대한법률콘텐츠연구회

(콘텐츠 제공)

해설·최신서식·사례

법문북스

머 리 말

세상을 살다보면 이런 일 저런 일이 수도 없이 생기고 그로 인한 피해로 인하여 손해는 물론이고 정신적 고통에 시달리는 분들이 주변에는 너무나도 많습니다.

평온한 가정을 유책배우자의 불륜으로 인하여 한 가정이 파탄으로 직면하는 분들도 굉장히 많습니다. 유책배우자는 그 상대방의 남편이나 처에 대하여 정신적 고통에 대한 위자료를 지급할 의무가 있습니다. 말하자면 이혼이 상대편의 책임 있는 사유로 발생한 경우에는 공동생활을 위법으로 파괴한 데 대한 위자료를 산정하여 손해배상 위자료 청구소송을 제기할 수 있습니다.

사회생활을 하다보면 이웃에게 뜻하지 않게 폐를 끼치게 되는 경우도 있습니다. 1. 음향 2. 진동 3. 매연 4. 냄새 5. 일광의 차단 등에 의한 생활의 방해가 현저하여 도저히 감내하기 어려울 때 이로 인하여 이웃에게 입힌 정신적 고통에 대하여 손해배상으로 위자료를 지급할 의무가 발생하므로 손해배상 위자료 청구소송을 제기할 수 있습니다.

성명을 다른 사람과 동일하거나 유사한 것을 함부로 사용하여 오인 또는 혼동을 일으키게 하면 이것도 그 본인에게는 정신적 고통을 준 것이 되므로 위자료청구권이 발생합니다.

하물며 주먹으로 얼굴을 때리고 발로 걷어차 상해를 입혔다면 그 가해자는 피해자에 대하여 불법행위에 기인한 손해배상은 물론이고 치료비 또는 일실수익금이나 위자료의 지급의무가 발생합니다.

따라서 모욕이나 명예훼손을 당한 피해자가 가해자를 상대로 고소를 하는 것과 동시에 가해자를 상대로 불법행위에 기인한 손해배상으로 인한 정신적 고통에 대한 위자료를 청구하곤 하는데, 가해자가 자신의 불법행위를 인정하고 위자료를 지급하겠다고 한다면 문제가 없으나, 가해자가 자신의 불법행위인 모욕이나 명예훼손을 부인하는 경우 법원에서 수사한 결과로 유죄가 인정되면 그 때가서 위자료를 지급하라고 판결할 가능성이 높습니다.

　명예훼손으로 인한 정신적 고통으로 인해 병원에서 치료를 받은 근거를 첨부하여 명예훼손으로 고소하고 손해배상으로 정신적인 고통에 대한 위자료를 청구하지만 대부분 가해자는 범행을 부인하기 때문에 법원에서는 불법행위가 인정되는 수사한 결과가 유죄로 인정되는 경우 판결을 선고할 수 있습니다.

　폭행과 상해의 경우 상해의 진단서도 있고 신체에 대한 치료를 받은 근거 등이 있고 손해배상 위자료 청구소송을 제기하면 대부분 가해자가 불법행위를 인정하기 때문에 판결을 선고할 수 있고, 가해자가 불법행위를 부인하고 폭행사실을 부인하는 경우 이 역시 수사한 결과에 따라 유죄가 인정되는 경우 판결을 선고하게 됩니다.

　본서에는 불법행위로 기인한 손해배상 위자료의 청구소송을 피해자가 스스로 소장을 작성하고 직접 소송을 진행할 수 있도록 구체적인 안내는 물론이고 어떤 이유에서 불법행위가 성립하고 손해배상을 청구할 수 있는지 정신적인 고통에 대한 위자료의 산정기준은 어떻게 이뤄지는지 피해자라면 누구든지 직접 해결할 수 있도록 하기 위하여 도서에 만전을 기하여 수록하였습니다.

　감사합니다.

법문북스

차 례

본 문

최 신 서 식

제2장
인적사항 사실조회신청서 최신서식 ·· 141

본문

사람의 품성, 덕행, 명성, 신용 등등 세상으로부터 받는 객관적평가인 명예는 구체성 있는 공표행위를 통하여 침해되는데 형법 제307조 명예훼손죄나 정보통신망 이용촉진 및 정보보호 등에 관한 법률 제70조의 사이버명예훼손죄는 허위사실의 적시(유포)뿐만 아니라 사실의 적시(유포)에 대하여도 명예훼손으로 처벌하고 있습니다.

명예훼손으로 인한 손해배상에 대한 범위에는 재산적 손해뿐만 아니라 비재산적손해도 포함됩니다. 명예훼손으로 인한 재산적 손해의 배상은 오히려 예외에 속하고 명예훼손으로 인한 손해배상은 주로 위자료로 청구하고 있습니다. 명예훼손으로 인한위자료에 대하여는 예측가능성이 현저하게 떨어집니다. 명예훼손의 경우에는 객관성과 예측가능성을 담보할 장치가 마땅치 않습니다.

위자료액수의 적정상과 그 산출근거가 당사자에게 가장 주요한 관심사입니다. 당사자는 물론 법원에게도 매우 긴요한 과제라 할 수 있습니다. 명예훼손은 피해자의 잠재의식의 틈새를 파고들어 자리를 잡고 있다가 언제든지 나타나서 치명적 해악을 미치는 것이고 이러한 상황은 평생동안 지속될 수 있습니다. 그러므로 명예훼손의 피해자는 대개 명예훼손을 당하고 반박하거나 정정할 기회를 갖지 못합니다.

출처불명의 추문을 추적하는 것도 불가능하고 그 해악이 어느 정도인지 파악하기 어려워 결국 명예훼손으로 인하여 발생하는 손해를 확정하는 것은 사실상 불가능에 가깝기 때문에 손해배상액은 부득이 대략적인 수치로 환산할 수밖에 없는 것입니다. 그래서 명예훼손에 있어 허위사실의 유포와 후속 행동은 밀접한 관련을 맺고 있으므로 후속 행동은 명예훼손의 연장선상에서 처리됩니다.

명예훼손은 허위사실을 공표(유포)하여 타인의 명예를 해치는 것입니다. 명예훼손은 영구적인 형태로 명예훼손이 행하여지거나 일시적으로 행하여지는 것이고 구두에 의한 명예훼손이 전형적인 경우입니다. 이것은 손해배상 청구소송에서 손해의 입증이 있어야 하느냐 제소가능한 불법행위에 해당하여 손해의 입증이 없더라도 상당한 금액의 위자료가 인정됩니다.

산정 원칙으로 사실심 법원이 제반 사정을 참작하여 재량으로 위자료를 정한다고 해석됩니다. 당사자 쌍방의 사회적 지위, 직업, 재산상태, 가해의 동기나 모습 등의 여러 사정이 참작되어 위자료액을 정합니다. 특히 명예훼손으로 인한 위자료는 언론보도의 내용, 피해자측 사정, 또한 가해자측 사정, 언론보도 이후의 사정 등 제반 사정을 종합하여 정합니다. 따라서 명예훼손으로 인한 재산적 손해는 예견가능성 또는 상당인과관계의 요건을 충족하기 어려워 사실상 손해배상이 되기 어렵습니다.

위자료는 일체적 고찰의 원리에 의하여 법원은 현재 및 장래의 제반 사정을 참작하여 위자료를 신정하여야 하고 위자료에 대한 하나의 판결을 통하여 이미 발생한 손해와 객관적으로 예견가능한 모든 비재산적 손해의 배상이 완결됩니다. 명예훼손으로 인한 위자료는 명예 자체의 침해의 정도, 귀책사유의 정도(고의 또는 과실) 그리고 그로 인한 정신적 고통이 고려되어 결정됩니다.

명예 훼손과 관련하여서는 구체적 공표(유포)행위 뿐만 아니라 공표이후부터 손해배상 청구소송의 변론종결시까지 일련의 사정이 고려됩니다. 위자료의 산정과 관련하여서는 피해자의 명예의 회복을 위한 적정한 금액이 위자료로 산정되어야 합니다. 위자료의 예방기능이 고려되어야 합니다. 예컨대 무분별한 상업적 보도로 명예가 훼손된 경우에는 위자료의 상향조정이 불가피합니다. 명예훼손으로 인하여 여러 사람의 입방아에 자주 오랫동안 오르내리게 되는 경우 기본 위자료가 높게 산정되어야 하는 것입니다.

중요한 사정요소에 입각하여 위자료를 인정하는 것이 사태에 적합한 해결책입니다. 명예훼손의 성립요건에 해당하는 사정이 주된 고려요소입니다. 명예훼손의 동기, 명예훼손의 내용, 파급력, 사회적 지위를 감안하여 매우 중대한 경우는 각 유형별로 위자료의 상한이 인정될 수 있습니다. 명예훼손의 성립에 대하여 부정하는 사정요소도 주된 고려요소입니다. 이는 피고가 입증책임을 부담합니다. 공연성, 공적 관심사, 진실성, 상당성 등 위법성조각사유가 고려됩니다.

위자료의 액수는 손해배상청구소송에서 당사자들의 주요한 다툼의 대상이 되는 만큼 위자료의 산정 시 고려될 주요 사정을 구체적으로 소장에 기재하여야 할 필요가 있습니다. 통상적으로 위자료의 산정 사유로 제시되는 것은 '사건의 경위 및 결과, 당사자의 신분과 지위, 기타 유포에서 나타난 제반 사정' 이라는 문구는 당해 사건에서 위자료가 어떻게 산정되었는가를 알 수 있도록 기재하여야 합니다. 위자료액의 공평한 산정을 달성하기 위해서는 위자료액의 산정에서 중요하게 고려된 사정에 대하여 구체적으로 소장에 적시할 필요가 있습니다.

모욕죄는 공연히 사람을 모욕한 자는 1년 이하의 징역이나 금고 또는 200만 원 이하의 벌금에 처한다고 규정하고 있고 보통 욕설을 금지하는 것으로 이해됩니다. 그런데 욕설은 타인에 대한 증오나 경멸의 표현으로서 극단적이기는 하나 어찌되었든 타인에 대한 평가로서 형법 제311조에 욕설을 금지하고 있습니다.

모욕죄를 친고죄에서 반의사불벌죄로 전환하여 모욕을 당한 사람의 고소가 없어도 경찰에서 모욕적 언사를 사용한 자를 처벌하도록 한 것에 대해서 시민단체들이 권력을 가진 자들이 모욕죄 고소하는 도덕적 장애물을 넘지 않고 자신들에 대한 비난을 입막음하기 위한 입법이라며 반대하여 크게 논란이 된 적이 있었는데 모욕죄 자체를 헌법적으로 평가하기 보다는 그 평가의 대상이 되는 모욕죄의 해석에 중점을 두어야 합니다.

명예훼손죄와 모욕죄의 보호법익은 다같이 사람의 가치에 대한 사회적평가인 이른바 외부적 명예인 점에서 차이가 없으나 다만 명예훼손은 사람의 사회적 평가를 저하시킬 만한 구체적 사실의 적시(유포)를 하여 명예를 침해함을 요하는 것으로서 구체적인 사실이 아닌 단순한 추상적 판단이나 경멸적 감정의 표현으로서 사회적 평가를 저하시키는 모욕죄와 다르다. 라고 하여 명예훼손죄와 모욕죄의 보호법익을 동일하게 '외부적 명예' 즉 사회적 평가라고 보고 있습니다.

모욕죄는 명예훼손죄로부터 독립된 구성요건이지만 명예훼손죄와 모욕죄는 일반법과 특별법의 관계이고 모욕죄는 일반적인 포괄구성요건이며, 따라서 명예의 장에 규정된 개별적 구성요건에 해당하지 않는 나머지 명예법익 훼손행위는 유추적용금지에 저촉되지 않는 범위 내에서 일반적 포괄구성요건인 모욕죄에 의해 규율되고 모욕죄는 일반법 그 밖의 명예에 관한 죄의 개별구성요건의 위치에 선다고 봅니다.

아무런 사실의 적시(유포) 없이 단순한 추상적 판단이나 경멸적 감정의 표현으로 사회적 평가, 즉 외부적 명예를 저하시키는 게 과연 가능한지 생각해 보아야 합니다. 예컨대 길을 지나가던 모씨가 전혀 모르는 사람인 박씨에게 공연히 '야 ○○○야' 라고 욕을 하는 경우를 상정해 보면 이 경우 박씨의 사회적 평가가 저하된다기 보다는 오히려 타인에게 함부로 욕을 하는 모씨의 사회적평가가 저하되는 것이 일반적일 것입니다.

여기서 박씨가 모씨를 모욕죄로 고소한다면 이는 박씨가 자신의 사회적 평가가 저하되었음을 우려해서라기보다는 그런 욕을 들으면서 느낀 모욕감 때문일 것입니다.

모욕은 타인에 대한 존경심의 부재 또는 저평가 또는 경시의 표현을 통해 타인의 명예를 공격하는 것입니다. 모욕죄의 공연성은 한 사람이 느끼는 명예감정은 틀림없이 모욕을 공적인 공간에서 당했는가 사회적인 공간에서 당했는가에 따라 그 깊이가 달라질 수밖에 없습니다. 공연성의 요건은 심대한 모욕감만을 구제하겠다는 입법적 판단일 수 있습니다.

논리 상 단순한 증오감이나 혐오감의 표현이 그 대상의 외부적 명예(즉 평판)를 저하시킨다는 것은 모욕적인 말을 옆에서 들은 제3자의 생각을 중심에 두어야 합니다. 중요한 것은 법원이 모욕죄를 해석할 때 외부적 명예를 훼손하는 경우에만 유죄판단을 해야 하는데 실제로는 그렇지 못한 것이 문제입니다. 예를 들어 법원이 모욕죄를 인정한 표현 중 (1)노래방을 운영하는 주인한테 술을 얻어먹고 돈을 받았겠구나. 그러니까 차를 빼라고 하지, (2)악질 친일분자의 후손 (3)보험사가 했잖아. 등의 표현을 보면 (1)의 경우는 노래방 주인으로부터 대접을 받았다는 사실의 적시에 가깝다고 할 것이고 (2)의 경우는 친일파의 후손이라는 의미로서 이 또한 사실의 적시에 가깝다고 볼 수 있을 것입니다. 그리고 (3)의 경우도 보험금을 탔다는 것을 과장되게 비난하는 것으로서 사실의 적시에 가깝다고 보입니다.

중요한 사정요소에 입각하여 모욕죄에 대한 위자료를 인정하는 것이 사태에 적합한 해결책입니다. 모욕죄의 성립요건에 해당하는 사정이 주된 고려요소입니다. 모욕의 동기, 내용, 파급력, 사회적 지위를 감안하여 매우 중대한 경우는 모욕죄의 각 유형별로 위자료의 상한이 인정될 수 있습니다. 모욕죄의 성립에 대하여 성립요건을 부정하는 사정요소도 주된 고려요소입니다.

위자료의 액수는 손해배상청구소송에서 당사자들의 주요한 다툼의 대상이 되는 만큼 위자료의 산정 시 고려될 주요 사정을 구체적으로 기재하여야 할 필요가 있습니다. 통상적으로 위자료의 산정 사유로 제시되는 것은 당해 사건에서 위자료가 어떻게 산정되었는가를 알 수 있도록 기재하여야 합니다. 위자료액의 공평한 산정을 달성하기 위해서는 위자료액의 산정에서 중요하게 고려된 사정에 대하여 구체적으로 소장에 기재할 필요가 있습니다.

협박이나 상해 그리고 폭행은 매일 전국적으로 발생하는 범죄입니다. 사소한 말다툼으로 상대방이 주먹으로 얼굴을 과격하여 앞니가 하나 나가면 합의금이 얼마, 코뼈가 골절되면 얼마 어떤 식으로 해악을 고지하여 협박을 받은 경우 위자료로 얼마를 청구할 수 있다고 아예 합의금까지 대충 정해져 있고, 인터넷에서 검색하면 다 다와 있을 정도로 폭행이나 상해 그리고 협박은 빈번하게 발생합니다.

폭행은 사람의 신체에 대해 유형 력을 행사함으로써 성립합니다. 폭행은 구타나 사람을 밀치는 행위는 물론이고 폭언을 수차 반복하거나 피해자에게 근접하여 욕설을 하면서 때릴 듯이 손발이나 물건을 휘두르는 행위도 폭행죄에 해당합니다.

가장 안타까운 것은 누가 봐도 강씨가 박씨를 폭행했는데 바씨가 참다참다 한 대 맞받아친 것 때문에 강씨에게 맞고소당하는 경우입니다. 강씨가 박씨를 여섯 대 때렸는데, 박씨는 한 대만 때렸다고 항의를 해도 싸움(쌍방 폭행)의 경우 원칙적으로 정당방위로 인정받기 어렵습니다. 다만 강씨가 먼저 박씨를 때리는 장면 등 CCTV나 주변에 주차한 차량의 블랙박스 영상 등을 확보해 입증한다면 박씨가 처벌받는 정도가 강씨보다는 훨씬 가벼운 벌을 받을 수는 있습니다.

당연히 예상할 수 있는 정도를 초과한 과격한 침해행위에 대한 반격이나 싸움이 중지된 후 갑자기 상대가 다시 공격하는 경우 등에는 예외적으로 정당방위를 인정하는 판례가 있으나 이는 지극히 예외적인 경우이므로 상대방이 폭력을 먼저 행사하였더라도 소극적 방어의 정도를 넘어 공격의사를 가진 반격을 가하는 순간 쌍방폭행으로 처벌될 수 있습니다.

상해는 사람의 신체에 대해 완전성을 침해하거나 생리적 기능이 훼손되게 함으로써 성립합니다. 상대방을 때려 이가 빠지거나 팔이 부러진 경우는 물론이고 오랜 시간 동안 협박과 폭행을 가해 상대방이 기절한 경우 범죄행위로 인한 불면, 우울감정 등 외상 후 스트레스장애를 발생시킨 경우에도 상해죄가 성립합니다.

한편 폭행죄나 또는 협박죄는 반의사불벌죄이므로 피해자가 처벌을 원하지 않는 경우 공소권 없음의 처분이 되지만 상해죄의 경우 폭행죄나 협박죄와는 달리 반의사불벌죄가 아니기 때문에 상대방이 합의를 해줘도 양형참작사유형이 좀 더 가벼워질 수 있을 뿐이고 가해자가 형사 처벌을 받는다고 하더라도 피해자가 입은 손해가 자연히 배상되는 것이 아니므로 피해자는 가해자를 상대로 민사소송으로 손해배상 청구소송을 제기하고 정신적인 고통에 따른 위자료와 치료를 받은 치료비 또는 약제비를 모두 가해자에게 청구할 수 있습니다.

보통은 가벼운 시비에서 시작되어 고소하고 법정 다툼까지 가게 되는 폭행죄나 상해죄 그리고 협박사건은 비일비재하게 발생하는데 고소와 동시에 민사소송을 통하여 손해배상 청구소송을 제기하고 불법행위에 기한 위자료 또는 치료비 등을 미리 청구하는 것이 훨씬 피해자에게 유리합니다.

불법행위로 인한 치료를 받는 기간 동안에 생업에 종사하지 못한 손해를 청구할 수 있습니다. 다툼이 있거나 불법행위가 성립하지 않은 불법행위의 경우 불법행위가 특정될 때 손해배상 청구소송을 청구하여야 합니다.

고의 또는 과실로 인한 위법행위로 타인에게 손해를 입히는 행위를 민법 제750조에 의한 '불법행위' 라고 부릅니다. 불법행위로 인하여 생긴 손해는 가해자가 배상하여야 됩니다.

일반적으로 불법행위의 성립요건은 (1)가해자에게 고의 또는 과실이 있어야 하고 (2)행위자(가해자)에게 책임능력이 있어야 하고 (3)위법성이 있어야 하고 (4)손해가 발생하여야 하고 (5)가해행위와 손해 발생과의 사이에 인과관계가 존재하여야 합니다.

특수한 불법행위의 성립요건은 ①책임무능력자를 감독하는 자의 책임 ②피용자의 행위에 대한 사용자의 책임 ③공작물을 점유 또는 소유하는 자의 책임 ④동물의 점유자의 책임 ⑤공동불법행위가 인정되어야 성립합니다.

불법행위에 의하여 피해를 당한 사람은 손해배상청구권을 취득합니다. 그 내용은 채무불이행으로 인한 손해배상청구권의 내용과 비슷합니다. 배상의무자는 원칙적으로 가해자인데 특수불법행위에서는 가해자 이외의 사람(사용자, 감독자 등)에게 배상의무가 과하여질 경우가 있습니다.

배상의 방법은 금전배상을 원칙으로 하지만 사죄광고의 방법과 원상회복을 인정하는 경우도 있습니다.

실무에서는 이를 '불법행위' 라고 합니다.

남에게 끼친 손해를 매우기 위해 법률의 규정에 따라 지급하는 사법상의 금전이나 물건의 급부를 '손해배상' 이라고 하고 배상은 법률이 규정한 일정한 경우에 다른 사람이 입은 손해를 매워 손해가 없는 것과 같게 하는 것을 말합니다. 손해배상의무를 발생하게 하는 원인 중에 가장 중요한 것은 위법행위, 즉 채무불이행과 불법행위입니다.

때로는 일정한 경우에 손해를 보상한다는 계약을 원인으로 하는 이른바 손해담보를 원인으로 할 때도 있습니다. 또한 어떠한 사람의 행위가 위법행위라고 할 수 없지만 형평의 원칙에서 손해배상의 의무가 과하여지는 경우도 없지 않습니다.

손해배상의 문제는 발생한 손해를 누구로 하여금 결손을 보충하게 하느냐 하는 점에 있습니다. 민법은 이러한 가치판단에 근거하여 손해배상청구권에 필요한 요건을 규정하고 있습니다(보험계약과 같은 경우). 이를 책임원인이라고 하고, 책임원인은 법률행위와 법률이 규정한, 일정한 경우로 나눌 수 있습니다(채무불이행과 불법행위라고 할 수 있습니다).

민법은 손해배상청구권에 관하여 일반적 규정을 두지 않고 가장 중요한 채무불이행과 불법행위에 관하여 별도로 규정하고 있는 것이 특색입니다. 손해배상은 행위채무로서 간접강제(벌칙의 적용)가 허용하지 않는 것과 같이 채무의 성질이 그러한 강제를 할 수 없을 때, 또는 목적물인 가옥을 소실한 경우와 같이 급여의 실현이 불가능하게 되었을 때, 급여에 갈음하는 손해배상을 청구할 수 있게 하는 것을 원칙으로 합니다.

한편으로 본래의 채무내용을 강제할 수 있는 경우라도 그 실현이 기한을 경과했을 때에는 본래의 채무내용을 강제하면서 이와 더불어 이행이 늦어진 데 대한 손해배상을 청구할 수 있게 하고 있습니다.

그리고 손해배상은 금전으로 하는 것을 원칙으로 합니다.

불법행위, 즉 고의나 과실로 인한 위법행위로 타인에게 손해를 가한 경우에는 가해자는 피해자에 대하여 손해를 배상할 채무를 지며 손해를 금전으로 평가해서 배상함을 원칙으로 합니다.

예외적으로 명예훼손의 경우, 특별한 약정이 있는 경우 등에는 원상회복이 인정됩니다. 통상 발생하는 손해를 그 발생원인이 된 사실과 결과간의 인과관계가 사회통념상 객관적으로 예견되는 경우, 피해자는 그 구체적인 사실을 입증할 필요 없이 현실적으로 발생한 손해의 배상을 청구할 수 있습니다.

특별한 사정으로 인한 손해를 채무자가 그 사실을 알았거나 알 수 있었을 때에 한하여 배상의 책임을 집니다. 이와 같이 종래 과실책임주의 하에서는 어느 경우이든 양자 간의 인과관계의 존재를 성립요건으로 하는 것을 원칙으로 합니다. 특히 오늘날에는 일조권, 환경권이라는 새로운 권리의 등장이 불가피하게 되어 공해배상론에 있어서는 손해발생과 책임원인간의 새로운 인과관계가 새로운 쟁점으로 등장하게 되었습니다.

타인의 신체적자유 또는 명예를 해하거나 기타 정신상의 고통을 가한 자는 재산이외의 손해에 대하여 배상할 책임이 있다고 민법 제751조에 규정하고 있습니다. 여기서 정신상의 고통에 대해서도 위자료라는 명목으로 손해를 배상하라는 취지입니다. 이를 실무상 손해배상 '위자료' 라고 합니다.

정신적 고통에 관한 손해배상을 위자료라고 부릅니다. 정신적 고통의 원인이 될 수 있는 것은 신체적 자유와 같이 사람의 신체적 측면에 관한 것은 물론이고, 1.명예 2.신용 3.성명 4.초상 5.정신적 자유와 같이 정신적 측면에 관한 고통을 포함합니다.

위자료는 신체적 자유 그리고 정신적 자유에 관하여 정신적 고통을 가했을 때 민법 제751조에 의거하여 위자료청구권이 발생합니다. 예를 들어 신체적 자유의 침해는 상해라고 합니다. 타인을 속이거나 강박한 경우 타인의 정신적 자유를 침해한 것이 되므로 위자료청구권이 발생합니다. 명예를 훼손하는 행위는 명예를 침해한 것이 되므로 위자료 청구권이 발생합니다.

청구권은 원칙적으로 불법행위로 인하여 정신적 고통을 입은 피해자가 위자료청구권자가 됩니다. 위자료에 대한 금액의 산정은 피해자가 입은 정신적 고통을 대중삼아 이 고통을 위자하려면 금전으로 얼마를 정하는 것이 상당할 것인가에 의합니다. 위자료의 산정은 위자료청구권자가 청구하는 위자료를 그대로 지급하라고 판단하는 것이 아니라 법관의 자유 재량에 의하여 위자료가 산정됩니다.

위자료는 대체적으로 가해자와 피해자 쌍방의 신분관계 그리고 지위, 나아가서는 재산 기타 모든 사정이 고려의 기준이 되고 있습니다. 피해를 받은 이익의 종류와 침해행위의 모습 등을 고려의 기준으로 삼아 공평하게 산정할 수밖에 없는 것입니다. 위자료의 산정은 법원이 직권과 재량으로 모든 기준을 종합적으로 고려하여 결정하는 것이므로 그 금액에 관해서는 위자료청구권자의 증명을 요하지 않습니다.

원고는 피고를 향해 불법행위로 기인한 손해배상위자료의 청구를 주장하고 있는 원고의 일정한 법적 주장이 올바른 것이냐 아니냐 하는 점에 대하여 법원의 판단을 구하는 행위를 실무에서는 손해배상 위자료 '청구소송' 이라고 합니다.

소송상의 청구는 법원이 본다면 소위 재판의 테마와 같은 것입니다. 손해배상 위자료 청구소송은 그 주장하는 것이 법적으로 평가받고 권리의 주장이라고 인정받을 수 있는 것이어야 합니다. 법적으로 평가될 수 있는 주장이라고 하더라도, 그 법적 주장이 일정하고 명백한 것이어야 합니다.

불법행위에 기인한 손해배상 위자료 청구소송의 관할법원은 복수의 관할이 인정될 가능성이 높습니다. 채무자의 보통재판적이 있는 곳의 지방법원이나 민사소송법 제18조(불법행위지)의 규정에 의한 관할이 원칙입니다.

손해배상 위자료 청구소송은 금전청구이므로 피해자(원고)의 주소지를 관할하는 지방법원이나 민사소송법 제8조에 따른 거소지 또는 의무이행지 법원이 관할법원으로 추가됨에 따라 원고는 자기의 주소지를 관할하는 지방법원이나 지원 또는 시법원이나 군법원에 손해배상 위자료 청구소송을 제기할 수 있으므로 원고가 유리한 곳으로 선택하여 손해배상 위자료 청구소송을 제기하면 됩니다.

인지대는 소제기 시 손해배상 위자료 청구금액을 정하고 이래와 같이 산출한 다음 그 해당액의 인지를 붙이거나 현금으로 납부한 납부확인서를 손해배상 위자료 청구소송의 소장에 첨부하시면 됩니다.

소송목적의 값이 1,000만 원 미만,

소가×0.005=인지,

소송목적의 값이 1,000만 원 이상

1억 원 미만,

소가×0.0045+5,000=인지,

소송목적의 값이 1억 원 이상

10억 원 미만,

소가×0.0040+55,000=인지,

소송목적의 값이 10억 원 이상

청구금액 제한없음,

소가×0.0035+555,000=인지,

송달요금 1회분은 2021. 09. 01.부로 금 5,200원으로 인상되었으며, 손해배상 위자료 청구소송의 청구금액이 3,000만원 미만의 소액사건의 경우 원고 1인, 피고 1인을 기준으로 각 10회분씩 총 20회분 금 10,4000원, 3,000만원 이상 사건은 각 15회분씩 총 30회분 금 156,000원의 송달료를 예납하고 그 납부확인서를 위 인지대 납부확인서와 함께 손해배상 위자료 청구소송의 소장에 첨부하시면 더 이상 들어가는 비용은 없습니다.

상간자는 그 상대방의 남편이나 처에 대하여 정신적 고통에 대한 위자료를 지급할 의무가 있습니다. 말하자면 이혼이 상대편의 책임있는 사유로 발생한 경우에는 공동생활을 위법으로 파괴한 데 대한 위자료를 산정하는 것입니다.

사회생활을 하다보면 이웃에게 뜻하지 않게 폐를 끼치게 되는 경우도 있습니다. 1. 음향 2.진동 3.매연 4.냄새 5.일광의 차단 등에 의한 생활의 방해가 현저하여 도저히 감내하기 어려울 때 이로 인하여 이웃에게 입힌 정신적 고통에 대하여 위자료를 지급할 의무가 발생합니다.

　　성명을 다른 사람과 동일하거나 유사한 것을 함부로 사용하여 오인 또는 혼동을 일으키게 하면 이것도 그 본인에는 정신적 고통을 준 것이 되므로 위자료청구권이 발생합니다.

　　주먹으로 얼굴을 때리고 발로 걷어차 상해를 입혔다면 그 가해자는 피해자에 대하여 불법행위에 기인한 손해배상은 물론이고 치료비 또는 일실수익금이나 위자료의 지급의무가 발생합니다.

　　모욕이나 명예훼손을 당한 피해자가 가해자를 상대로 고소를 하는 것과 동시에 가해자를 상대로 불법행위에 기인한 손해배상으로 인한 정신적 고통에 대한 위자료를 청구하곤 하는데, 가해자가 자신의 불법행위를 인정하고 위자료를 지급하겠다고 한다면 문제가 없으나, 가해자가 자신의 불법행위인 모욕이나 명예훼손을 부인하는 경우 법원에서 수사한 결과로 유죄가 인정되면 그 때가서 위자료를 지급하라고 판결할 가능성이 높습니다.

　　명예훼손으로 인한 정신적 고통으로 인해 병원에서 치료를 받은 근거를 첨부하여 명예훼손으로 고소하고 손해배상으로 정신적인 고통에 대한 위자료를 청구하지만 대부분 가해자는 범행을 부인하기 때문에 법원에서는 불법행위가 인정되는 수사 결과가 유죄로 인정되는 경우 판결을 선고할 수 있습니다.

　　폭행 과 상해의 경우 상해의 진단서도 있고 신체에 대한 치료를 받은 근거 등이 있고 손해배상 위자료 청구소송을 제기하면 대부분 가해자가 불법행위를 인정하기 때문에 판결을 선고할 수 있고, 가해재가 불법행위를 부인하고 폭행사실을 부인하는 경우 이 역시 수사한 결과에 따라 유죄가 인정되는 경우 판결을 선고하게 됩니다.

제1장 불법행위

불법행위로 인한 치료를 받는 기간 동안에 생업에 종사하지 못한 손해를 피해자는 가해자에게 청구할 수 있습니다. 다툼이 있거나 불법행위가 성립하지 않은 불법행위의 경우 불법행위가 특정될 때 손해배상 청구소송을 제기하여야 합니다.

고의 또는 과실로 인한 위법행위로 타인에게 손해를 입히는 행위를 민법 제750조에 의한 '불법행위' 라고 부릅니다. 불법행위로 인하여 생긴 손해는 가해자가 배상하여야 됩니다.

일반적으로 불법행위의 성립요건은 (1)가해자에게 고의 또는 과실이 있어야 합니다. (2)행위자(가해자)에게 책임능력이 있어여 합니다. (3)위법성이 있어야 합니다. (4)손해가 발생하여야 합니다. (5)가해행위와 손해 발생과의 사이에 인과관계가 존재하여야 성립합니다.

특수한 불법행위의 성립요건은 ①책임무능력자를 감독하는 자의 책임이어야 합니다. ②피용자의 행위에 대한 사용자의 책임이어야 합니다. ③공작물을 점유 또는 소유하는 자의 책임이어야 합니다. ④동물에 대한 점유자의 책임이어애 합니다. ⑤공동불법행위가 인정되어야 성립합니다.

불법행위에 의하여 피해를 당한 사람은 손해배상청구권을 취득합니다.

그 내용은 채무불이행으로 인한 손해배상청구권의 내용과 비슷합니다. 배상의무자는 원칙적으로 가해자인데 특수 불법행위에서는 가해자 이외의 사람(사용자, 감독자 등)에게 배상의무가 과하여질 경우가 있습니다.

배상의 방법은 금전배상을 원칙으로 하지만 사죄광고의 방법과 원상회복을 인정하는 경우도 있습니다.

실무에서는 이를 '불법행위' 라고 합니다.

제2장 손해배상

남에게 끼친 손해를 매우기 위해 법률의 규정에 따라 지급하는 사법상의 금전이나 물건의 급부를 '손해배상'이라고 합니다. 배상은 법률이 규정한 일정한 경우에 다른 사람이 입은 손해를 매워 손해가 없는 것과 같게 하는 것을 말합니다.

손해배상의무를 발생하게 하는 원인 중에 가장 중요한 것은 위법행위, 즉 채무불이행과 불법행위입니다.

때로는 일정한 경우에 손해를 보상한다는 계약을 원인으로 하는 손해담보를 원인으로 할 때도 있습니다. 또한 어떠한 사람의 행위가 위법행위라고 할 수 없지만 형평의 원칙에서 손해배상의 의무가 과하여지는 경우도 없지 않습니다.

발생한 손해를 누구로 하여금 결손을 보충하게 하느냐 하는 점에 있습니다. 민법은 이러한 가치판단에 근거하여 손해배상청구권에 필요한 요건을 규정하고 있습니다(보험계약과 같은 경우).

이를 책임원인이라고 합니다. 책임원인은 법률행위와 법률이 규정한, 일정한 경우로 나눌 수 있습니다(예컨대 채무불이행과 불법행위라고 할 수 있습니다).

민법은 손해배상청구권에 관하여 일반적 규정을 두지 않고 가장 중요한 채무불이행과 불법행위에 관하여 별도로 규정하고 있습니다. 손해배상은 행위채무로서 간접강제(벌칙의 적용)가 허용하지 않는 것과 같이 채무의 성질이 그러한 강제를 할 수 없을 때나 또는 목적물인 주택이 화재로 소실한 경우와 같이 급여의 실현이 불가능하게 되었을 때, 급여에 갈음하는 손해배상을 청구할 수 있게 하는 것을 원칙으로 하고 있습니다.

한편으로 본래의 채무내용을 강제할 수 있는 경우이더라도 그 실현이 기한을 경과했을 때에는 본래의 채무내용을 강제하면서 이와 더불어 이행이 늦어진 데 대한 손해배상을 청구할 수 있게 하고 있습니다.

그리고 손해배상은 금전으로 하는 것을 원칙으로 합니다.

불법행위 예컨대 고의나 과실로 인한 위법행위로 타인에게 손해를 가한 경우에는 가해자는 피해자에 대하여 손해를 배상할 채무를 지며 손해를 금전으로 평가해서 배상함을 원칙으로 하고 있습니다.

예외적으로 명예훼손이나 모욕의 경우, 특별한 약정이 있는 경우 등에는 원상회복이 인정됩니다. 통상 발생하는 손해를 그 발생 원인이 된 사실과 결과간의 인과관계가 사회통념상 객관적으로 예견되는 경우에 피해자는 그 구체적인 사실을 입증할 필요 없이 현실적으로 발생한 손해의 배상을 청구할 수 있습니다.

특별한 사정으로 인한 손해를 채무자가 그 사실을 알았거나 알 수 있었을 때에 한하여 배상의 책임을 지는 것입니다. 이와 같이 과실책임주의 하에서는 어느 경우이든 양자 간의 인과관계의 존재를 성립요건으로 하는 것을 원칙으로 합니다. 따라서 일조권이나 환경권이라는 권리는 불가피하게 되어 공해배상에 있어서는 손해발생과 책임 원인간의 새로운 인과관계가 쟁점으로 중요하게 다뤄집니다.

제3장 위자료

타인의 신체적 자유 또는 명예를 해하거나 기타 정신상의 고통을 가한 자는 재산 이외의 손해에 대하여 배상할 책임이 있다고 민법 제751조에 규정하고 있습니다. 여기서 정신상의 고통에 대해서도 위자료라는 명목으로 손해를 배상하라는 취지입니다.

이를 실무상 손해배상 '위자료' 라고 합니다.

그러므로 정신적 고통에 관한 손해배상을 위자료라고 부릅니다.

정신적 고통의 원인이 될 수 있는 것은 신체적 자유와 같이 사람의 신체적 측면에 관한 것은 물론이고, 예컨대 1. 명예 2. 신용 3. 성명 4. 초상 5. 정신적 자유와 같이 정신적 측면에 관한 고통을 포함합니다.

1. 명예훼손

사람의 품성, 덕행, 명성, 신용 등 세상으로부터 받는 객관적평가인 명예는 구체성 있는 공표(유포)행위를 통하여 침해되는데 형법 제307조 명예훼손죄나 정보통신망 이용촉진 및 정보보호 등에 관한 법률(앞으로는'정보통신망법'으로 줄여 쓰겠습니다) 제70조의 사이버명예훼손죄는 허위사실의 적시(유포)뿐만 아니라 사실의 적시(유포)에 대하여도 명예훼손으로 처벌하고 있습니다.

명예훼손으로 인한 손해배상에 대한 범위에는 재산적 손해뿐만 아니라 비재산적 손해도 포함됩니다. 명예훼손으로 인한 재산적 손해의 배상은 오히려 예외에 속하고 명예훼손으로 인한 손해배상은 주로 위자료로 청구하고 있습니다.

명예훼손으로 인한 위자료에 대하여는 예측가능성이 현저하게 떨어지는 것도 사실입니다. 명예훼손의 경우에는 객관성과 예측가능성을 담보할 장치가 마땅치 않습니다.

가, 위자료 산정

위자료액수의 적정성과 산출근거가 당사자에게 가장 주요한 관심사입니다. 당사자는 물론이고 법원에게도 매우 긴요한 과제라 아니할 수 없습니다. 명예훼손은 피해자의 잠재의식의 틈새를 파고들어 자리를 잡고 있다가 언제든지 나타나서 치명적 해악을 미치는 것입니다.

이러한 상황은 평생 동안 지속될 수 있습니다. 그러므로 명예훼손의 피해자는 대개 명예훼손을 당하고 반박하거나 정정할 기회를 전혀 갖지 못하고 무방비 상태로 당합니다.

출처불명의 추문을 추적하는 것도 불가능합니다. 그 명예훼손이 어느 정도인지 파악하기 어려워 결국 명예훼손으로 인하여 발생하는 손해를 확정하는 것은 사실상 불가능에 가깝기 때문에 손해배상액은 부득이 대략적인 수치로 환산할 수밖에 없는 것입니다.

그래서 명예훼손에 있어 허위사실의 유포와 후속 행동은 밀접한 관련을 맺고 있으므로 후속 행동은 명예훼손의 연장선상에서 처리됩니다.

명예훼손은 허위사실이나 사실을 공표(유포)하여 타인의 명예를 해치는 것입니다. 명예훼손은 영구적인 형태로 명예훼손이 행하여지거나 일시적으로 행하여지는 것이고 구두에 의한 명예훼손이 전형적인 경우입니다. 이것는 손해배상 청구소송에서 손해의 입증이 있어야 하느냐 제소가 가능한 불법행위에 해당하여 손해의 입증이 없더라도 상당한 금액의 위자료가 인정됩니다.

산정원칙으로 사실심 법원이 제반 사정을 참작하여 재량으로 위자료를 정하게 됩니다. 당사자 쌍방의 사회적 지위, 직업, 재산상태, 가해의 동기나 모습 등의 여러 사정이 참작되어 위자료 액을 정합니다. 특히 언론보도의 명예훼손으로 인한 위자료는 언론보도의 내용, 피해자 측 사정, 또한 가해자 측 사정, 언론보도 이후의 사정 등 제반 사정을 종합하여 정합니다. 따라서 명예훼손으로 인한 재산적 손해는 예견가능성 또는 상당인과관계의 요건을 충족하기 어려워 사실상 손해배상이 되기 어렵습니다.

위자료는 일체적 원리에 의하여 법원은 현재 및 장래의 제반 사정을 참작하여 위자료를 산정하여야 하고 위자료에 대한 하나의 판결을 통하여 이미 발생한 손해와 객관적으로 예견가능한 모든 비재산적 손해의 배상이 완결됩니다. 명예훼손으로 인한 위자료는 명예 자체의 침해의 정도, 귀책사유의 정도(고의 또는 과실) 그리고 그로 인한 정신적 고통이 고려되어 결정됩니다.

명예훼손과 관련하여서는 구체적 공표(유포)행위 뿐만 아니라 공표이후부터 손해배상 청구소송의 변론종결 시까지 일련의 사정이 고려됩니다. 위자료의 산정과 관련하여서는 피해자의 명예의 회복을 위한 적정한 금액이 위자료로 산정 기준은 위자료의 예방기능이 고려되어야 합니다. 무분별한 상업적 보도로 명예가 훼손된 경우에는 위자료의 상향조정이 불가피합니다. 명예훼손으로 인하여 여러 사람의 입방아에 자주 오랫동안 오르내리게 되는 경우 기본 위자료가 높게 산정되고 있습니다.

나, 고려요소

중요한 사정요소에 입각하여 위자료를 인정하는 것이 사태에 적합한 해결책입니다. 명예훼손의 성립요건에 해당하는 사정이 주된 고려요소로는 명예훼손의 동기, 명예훼손의 내용, 파급력, 사회적 지위를 감안하여 매우 중대한 경우는 각 유형별로 위자료의 상한이 인정될 수 있습니다.

명예훼손의 성립에 대하여 부정하는 사정요소도 주된 고려요소입니다. 이는 피고가 입증책임을 부담합니다. 공연성, 공적 관심사, 진실성, 상당성 등 위법성 조각사유가 고려됩니다.

다, 위자료의 액수

위자료의 액수는 손해배상청구소송에서 당사자들의 주요한 다툼의 대상이 되는 만큼 위자료의 산정 시 고려될 주요 사정을 구체적으로 소장에 기재하여야 할 필요가 있습니다.

통상적으로 위자료의 산정 사유로 제시되는 것은 '사건의 경위 및 결과, 당사자의 신분과 지위, 기타 공표(유포)에서 나타난 제반 사정' 이라는 문구는 당해 사건에서 위자료가 어떻게 산정되었는가를 알 수 있도록 기재하여야 합니다.

위자료 액의 공평한 산정을 달성하기 위해서는 위자료 액의 산정에서 중요하게 고려된 사정에 대하여 구체적으로 소장에 적시할 필요가 있습니다.

2. 모욕죄

모욕죄는 공연히 사람을 모욕한 자는 1년 이하의 징역이나 금고 또는 200만 원 이하의 벌금에 처한다고 규정하고 있고 보통 욕설을 금지하는 것으로 이해됩니다. 그런데 욕설은 타인에 대한 증오나 경멸의 표현으로서 극단적이기는 하나 어찌되었든 타인에 대한 평가로서 형법 제311조에 욕설을 금지하고 있습니다.

모욕죄를 친고죄에서 반의사불벌죄로 전환하여 모욕을 당한 사람의 고소가 없어도 경찰에서 모욕적 언사를 사용한 자를 처벌하도록 한 것에 대해서 시민단체들이 권력을 가진 자들이 모욕죄 고소하는 도덕적 장애물을 넘지 않고 자신들에 대한 비난을 입막음하기 위한 입법이라며 반대하여 크게 논란이 된 적이 있었는데 모욕죄 자체를 헌법적으로 평가하기 보다는 그 평가의 대상이 되는 모욕죄의 해석에 중점을 두어야 합니다.

명예훼손죄와 모욕죄의 보호법익은 다 같이 사람의 가치에 대한 사회적평가인 이른바 외부적 명예인 점에서 차이가 없으나 다만 명예훼손은 사람의 사회적 평가를 저하시킬 만한 구체적 사실의 적시(유포)를 하여 명예를 침해함을 요하는 것으로서 구체적인 사실이 아닌 단순한 추상적 판단이나 경멸적 감정의 표현으로서 사회적 평가를 저하시키는 모욕죄와 다르다. 라고 하여 명예훼손죄와 모욕죄의 보호법익을 동일하게 '외부적 명예' 즉 사회적 평가라고 보고 있습니다.

모욕죄는 명예훼손죄로부터 독립된 구성요건이지만 명예훼손죄와 모욕죄는 일반법과 특별법의 관계이고 모욕죄는 일반적인 포괄구성요건이며, 따라서 명예의 장에 규정된 개별적 구성요건에 해당하지 않는 나머지 명예법익 훼손행위는 유추적 용금지에 저촉되지 않는 범위 내에서 일반적 포괄구성요건인 모욕죄에 의해 규율되고 모욕죄는 일반법 그 밖의 명예에 관한 죄의 개별구성요건의 위치에 선다고 봅니다.

모욕죄는 아무런 사실의 적시(유포) 없이 단순한 추상적 판단이나 경멸적 감정의 표현으로 사회적 평가, 즉 외부적 명예를 저하시키는 게 과연 가능한지 생각해 보아야 합니다. 예컨대 길을 지나가던 모씨가 전혀 모르는 사람인 박씨에게 공연히 '야 ○○○야' 라고 욕을 하는 경우를 상정해 보면 이 경우 박씨의 사회적 평가가 저하된다는 것보다는 오히려 타인에게 함부로 욕을 하는 모씨의 사회적평가가 저하되는 것이 일반적일 것입니다.

여기서 박씨가 모씨를 모욕죄로 고소한다면 이는 박씨가 자신의 사회적 평가가 저하되었음을 우려해서 보다는 그런 욕을 들으면서 느낀 모욕감 때문일 것입니다.

모욕은 타인에 대한 존경심의 부재 또는 저평가 또는 경시의 표현을 통해 타인의 명예를 공격하는 것입니다. 모욕죄의 공연성은 한 사람이 느끼는 명예감정은 틀림없이 모욕을 공적인 공간에서 당 했는가 사회적인 공간에서 당했는가에 따라 그 깊이가 달라질 수밖에 없습니다. 공연성의 요건은 심대한 모욕감만을 구제하겠다는 입법적 판단일 수 있습니다.

논리상 단순한 증오감이나 혐오감의 표현이 그 대상의 외부적 명예(즉 평판)을 저하시킨다는 것은 모욕적인 말을 옆에서 들은 제3자의 생각을 중심에 두어야 합니다. 중요한 것은 법원이 모욕죄를 해석할 때 외부적 명예를 훼손하는 경우에만 유죄판단을 해야 하는데 실제로는 그렇지 못한 것이 문제입니다. 예를 들어 법원이 모욕죄를 인정한 표현 중 (1)노래방을 운영하는 주인한테 술을 얻어먹고 돈을 받았겠구나. 그러니까 차를 빼라고 하지, (2)악질 친일분자의 후손 (3)보험사가 했잖아. 등의 표현을 보면 (1)의 경우는 노래방 주인으로부터 대접을 받았다는 사실의 적시에 가깝다고 할 것이고 (2)의 경우는 친일파의 후손이라는 의미로서 이 또한 사실의 적시에 가깝다고 볼 수 있을 것입니다. 그리고 (3)의 경우도 보험금을 탔다는 것을 과장되게 비난하는 것으로서 사실의 적시에 가깝다고 보입니다.

가, 위자료 고려요소

중요한 사정요소에 입각하여 모욕죄에 대한 위자료를 인정하는 것이 사태에 적합한 해결책입니다. 모욕죄의 성립요건에 해당하는 사정이 주된 고려요소입니다. 모욕의 동기, 내용, 파급력, 사회적 지위를 감안하여 매우 중대한 경우는 모욕죄의 각 유형별로 위자료의 상한이 인정될 수 있습니다. 모욕죄의 성립에 대하여 성립요건을 부정하는 사정요소도 주된 고려요소입니다.

나, 위자료 산정기준

모욕죄에 대한 위자료의 액수는 손해배상청구소송에서 당사자들의 주요한 다툼의 대상이 되는 만큼 위자료의 산정 시 고려될 주요 사정을 구체적으로 기재하여야 할 필요가 있습니다. 통상적으로 위자료의 산정 사유로 제시되는 것은 당해 사건에서 위자료가 어떻게 산정되었는가를 알 수 있도록 소장에 기재하여야 합니다.

위자료 액의 공평한 산정을 달성하기 위해서는 위자료 액의 산정에서 중요하게 고려된 사정에 대하여 구체적으로 손해배상 청구소송의 소장에 기재할 필요가 있습니다.

3. 협박·폭행·상해

협박이나 상해 그리고 폭행은 매일 전국적으로 발생하는 범죄입니다.

사소한 말다툼으로 상대방이 주먹으로 얼굴을 때려 앞니가 하나 나가면 합의금이 얼마이고 코뼈가 골절되면 얼마라고 알 수 있고 어떤 식으로 해악을 고지하여 협박을 받은 경우 위자료로 얼마를 청구할 수 있다고 아예 합의금까지 대충 정해져 있고, 인터넷에서 검색하면 다 나와 있을 정도로 폭행이나 상해 그리고 협박은 빈번하게 발생합니다.

폭행은 사람의 신체에 대해 유형 력을 행사함으로써 성립합니다. 폭행은 구타나 사람을 밀치는 행위는 물론이고 폭언을 수차 반복하거나 피해자에게 근접하여 욕설을 하면서 때릴 듯이 손발이나 물건을 휘두르는 행위도 폭행죄에 해당합니다.

가장 안타까운 것은 누가 봐도 강씨가 박씨를 폭행했는데 박씨가 참다 참다 한 대 맞받아친 것 때문에 강씨에게 맞고소당하는 경우입니다. 강씨가 박씨를 여섯 대 때렸는데, 박씨는 한 대만 때렸다고 항의를 해도 싸움(쌍방 폭행)의 경우 원칙적으로 정당방위로 인정받기 어렵습니다.

다만 강씨가 먼저 박씨를 때리는 장면 등 CCTV나 주변에 주차한 차량의 블랙박스 영상 등을 확보해 입증한다면 박씨가 처벌받는 정도가 강씨보다는 훨씬 가벼운 벌을 받을 수는 있습니다.

당연히 예상할 수 있는 정도를 초과한 과격한 침해행위에 대한 반격이나 싸움이 중지된 후 갑자기 상대가 다시 공격하는 경우 등에는 예외적으로 정당방위를 인정하는 판례가 있으나 이는 지극히 예외적인 경우이므로 상대방이 폭력을 먼저 행사하였더라도 소극적 방어의 정도를 넘어 공격의사를 가진 반격을 가하는 순간 쌍방폭행으로 처벌될 수 있습니다.

상해는 사람의 신체에 대해 완전성을 침해하거나 생리적 기능이 훼손되게 함으로써 성립합니다. 상대방을 때려 이가 빠지거나 팔이 부러진 경우는 물론이고 오랜 시간 동안 협박과 폭행을 가해 상대방이 기절한 경우 범죄행위로 인한 불면, 우울 감정 등 외상 후 스트레스장애를 발생시킨 경우에도 상해죄가 성립합니다.

한편 폭행죄나 또는 협박죄는 반의사불벌죄이므로 피해자가 처벌을 원하지 않는 경우 공소권 없음의 처분이 되지만 상해죄의 경우 폭행죄나 협박죄와는 달리 반의사불벌죄가 아니기 때문에 상대방이 합의를 해줘도 양형 참작사유로 형이 좀 더 가벼워질 수 있을 뿐이고 가해자가 형사 처벌을 받는다고 하더라도 피해자가 입은 손해가 자연히 배상되는 것이 아니므로 피해자는 가해자를 상대로 민사소송으로 손해배상 청구소송을 제기하고 정신적인 고통에 따른 위자료와 치료를 받은 치료비 또는 약제비를 모두 가해자에게 청구할 수 있습니다.

보통은 가벼운 시비에서 시작되어 고소하고 법정 다툼까지 가게 되는 폭행죄나 상해죄 그리고 협박사건은 비일비재하게 발생하는데 고소와 동시에 민사소송을 통하여 손해배상 청구소송을 제기하고 불법행위에 기한 위자료 또는 치료비 등을 미리 청구하는 것이 훨씬 피해자에게 유리합니다.

불법행위로 인한 치료를 받는 기간 동안에 생업에 종사하지 못한 손해를 청구할 수 있습니다. 다툼이 있거나 불법행위가 성립하지 않은 불법행위의 경우 불법행위가 특정될 때 손해배상 청구소송을 청구하는 것이 좋습니다.

4. 기타 위자료청구 요지

상간자는 그 상대방의 남편이나 처에 대하여 정신적 고통에 대한 위자료를 지급할 의무가 있습니다. 말하자면 이혼이 상대편의 책임 있는 사유로 발생한 경우에는 공동생활을 위법으로 파괴한 데 대한 위자료를 산정하여 손해배상 위자료 청구소송을 제기할 수 있습니다.

사회생활을 하다보면 이웃에게 뜻하지 않게 폐를 끼치게 되는 경우도 있습니다. 1. 음향 2. 진동 3. 매연 4. 냄새 5. 일광의 차단 등에 의한 생활의 방해가 현저하여 도저히 감내하기 어려울 때 이로 인하여 이웃에게 입힌 정신적 고통에 대하여 위자료를 지급할 의무가 발생하므로 손해배상 위자료 청구소송을 제기할 수 있습니다.

성명을 다른 사람과 동일하거나 유사한 것을 함부로 사용하여 오인 또는 혼동을 일으키게 하면 이것도 그 본인에는 정신적 고통을 준 것이 되므로 위자료청구권이 발생합니다.

주먹으로 얼굴을 때리고 발로 걷어차 상해를 입혔다면 그 가해자는 피해자에 대하여 불법행위에 기인한 손해배상은 물론이고 치료비 또는 일실수익금이나 위자료의 지급의무가 발생합니다.

모욕이나 명예훼손을 당한 피해자가 가해자를 상대로 고소를 하는 것과 동시에 가해자를 상대로 불법행위에 기인한 손해배상으로 인한 정신적 고통에 대한 위자료를 청구하곤 하는데, 가해자가 자신의 불법행위를 인정하고 위자료를 지급하겠다고 한다면 문제가 없으나, 가해자가 자신의 불법행위인 모욕이나 명예훼손을 부인하는 경우 법원에서 수사한 결과로 유죄가 인정되면 그 때가서 위자료를 지급하라고 판결할 가능성이 높습니다.

명예훼손으로 인한 정신적 고통으로 인해 병원에서 치료를 받은 근거를 첨부하여 명예훼손으로 고소하고 손해배상으로 정신적인 고통에 대한 위자료를 청구하지만 대부분 가해자는 범행을 부인하기 때문에 법원에서는 불법행위가 인정되는 수사

결과가 유죄로 인정되는 경우 판결을 선고할 수 있습니다.

폭행과 상해의 경우 상해의 진단서도 있고 신체에 대한 치료를 받은 근거 등이 있고 손해배상 위자료 청구소송을 제기하면 대부분 가해자가 불법행위를 인정하기 때문에 판결을 선고할 수 있고, 가해재가 불법행위를 부인하고 폭행사실을 부인하는 경우 이 역시 수사한 결과에 따라 유죄가 인정되는 경우 판결을 선고하게 됩니다.

제4장 손해배상 위자료 청구소송

원고는 피고를 향해 불법행위로 기인한 손해배상 위자료의 청구를 주장하고 있는 원고의 일정한 법적 주장이 올바른 것이냐 아니냐 하는 점에 대하여 법원의 판단을 구하는 행위를 실무에서는 손해배상 위자료 '청구소송' 이라고 합니다.

소송상의 청구는 법원이 본다면 소위 재판의 테마와 같은 것입니다. 손해배상 위자료 청구소송은 그 주장하는 것이 법적으로 평가받고 권리의 주장이라고 인정받을 수 있는 것이어야 합니다. 법적으로 평가될 수 있는 주장이라고 하더라도, 그 법적 주장이 일정하고 명백한 것이어야 합니다.

1. 관할법원

불법행위에 기인한 손해배상 위자료 청구소송의 관할법원은 복수의 관할이 인정될 가능성이 높습니다. 채무자의 보통재판적이 있는 곳의 지방법원이나 민사소송법 제18조(불법행위지)의 규정에 의한 관할이 원칙입니다.

손해배상 위자료 청구소송은 금전청구이므로 피해자(원고)의 주소지를 관할하는 지방법원이나 민사소송법 제8조에 따른 거소지 또는 의무이행지 법원이 관할법원으로 추가됨에 따라 원고는 자기의 주소지를 관할하는 지방법원이나 지원 또는 시법원이나 군법원에 손해배상 위자료 청구소송을 제기할 수 있으므로 원고가 유리한 곳으로 선택하여 손해배상 위자료 청구소송을 제기하면 됩니다.

2. 인지대 계산 방법

인지대는 소제기 시 소송목적의 값(손해배상 위자료 청구금액 소가)을 정하고 이래와 같이 산출한 다음 그 해당액의 인지를 붙이거나 현금으로 납부한 납부확인서를 손해배상 위자료 청구소송의 소장에 첨부하시면 됩니다.

소송목적의 값이 1,000만 원 미만,

　　소가×0.005=인지,

　　소송목적의 값이 1,000만 원 이상

　　1억 원 미만,

　　소가×0.0045+5,000=인지,

소송목적의 값이 1억 원 이상

　　10억 원 미만,

　　소가×0.0040+55,000=인지,

　　소송목적의 값이 10억 원 이상

　　청구금액 제한없음,

　　소가×0.0035+555,000=인지,

첨부하여야 할 인지대가 1천 원 미만의 경우 1천 원의 인지를 붙이고 1천 원 이상일 경우 1백 원 미만의 단수는 계산하지 않고 1만 원 이상일 때는 현금으로 납부하고 그 납부서를 손해배상 위자료 청구소송의 소장에 첨부하시면 됩니다.

3. 송달요 예납 기준

송달요금 1회분은 2021. 09. 01.부로 금 5,200원으로 인상되었습니다.

손해배상 위자료 청구소송의 청구금액(소가)이 3,000만원 미만의 소액사건의 경우 원고 1인, 피고 1인을 기준으로 각 10회분씩 총 20회분 금 10,400 0원의 송달요를 3,000만 원 이상 고액사건은 각 15회분씩 총 30회분 금 15 6,000원의 송달료를 예납하고 그 납부확인서를 위 인지대 납부확인서와 함께 손해배상 위자료 청구소송의 소장에 첨부하시면 더 이상 들어가는 비용은 없습니다.

4. 피고의 인적사항 특정

손해배상 위자료 청구소송은 재판의 효력이 미치고 강제집행의 대상이 되는 피고의 인적사항 (1)성명 (2)주소 (3)주민등록번호를 특정하여 소장에 특정하여야 합니다. 인적사항이 특정되지 않은 상태로 승소판결을 받아 확정되었다 하더라도 동일인임을 증명할 수 없어 강제집행을 할 수 없는 폐단이 있을 수 있으므로 피고의 인적사항을 반드시 특정하는 것이 더 좋습니다.

인적사항을 알지 못하는 경우 먼저 손해배상 위자료 청구소송의 소장을 피고의 인적사항란을 공란으로 작성하고 피고의 기본정보를 활용하여 사실조회신청서를 작성하여 손해배상 위자료 청구소송의 소장과 같이 법원에 제출하고 사실조회로 피고의 인적사항을 확보하여 공란으로 작성한 피고의 당사자표시정정신청을 하시면 소송절차가 진행됩니다. 사실조회신청서는 아래의 별지 서식을 참고하시기 바랍니다.

최신서식

1장

손해배상 위자료 청구소송 소장 최신서식

(1)소장 - 손해배상(기) 청구의 소장 모임장소 허위사실유포 명예훼손 위자료청구 소
    장 최신서식

소   장

원 고 : ○   ○   ○

피 고 : ○   ○   ○

손해배상(기) 청구의 소

소송물 가액금	금	2,00,000 원
첨부할 인지액	금	10,000 원
첨부한 인지액	금	10,000 원
납부한 송달료	금	104,000 원
비 고		

울산지방법원 양산시법원 귀중

소   장

1.원고

성 명	○ ○ ○	주민등록번호	생략
주 소	경상남도 양산시 ○○로 ○○길 ○○, ○○○호		
직 업	상업	사무실 주 소	생략
전 화	(휴대폰) 010 - 1255 - 0000		
기타사항	이 사건 피해자입니다.		

2.피고

성 명	○ ○ ○	주민등록번호	생략
주 소	경상남도 양산시 ○○로 ○길 ○○, ○○○호		
직 업	상업	사무실 주 소	생략
전 화	(휴대폰) 010 - 9876 - 0000		
기타사항	이 사건 가해자입니다.		

3.손해배상(기) 청구의 소

청구취지

1. 피고는 원고에게 금 2,000,000원 및 이에 대하여 ○○○○. ○○. ○○.부터 소장 부본이 송달된 날까지는 연 5%의, 그 다음날부터 다 갚는 날까지 연 12%의 비율에 의한 금원을 지급하라.

2. 소송비용은 피고의 부담으로 한다.

3. 위 제1항은 가집행할 수 있다.

   라는 판결을 구합니다.

청구원인

1. 원고는 상인들로 구성되어 있는 ○○산악회의 총무이고, 피고는 위 ○○산악회의 회원입니다.

2. 피고는 ○○○○. ○○. ○○. 경상남도 양산시 ○○로 ○○, 소재 ○○돼지갈비 집에서 원고가 이번에 예정된 산행은 회원들이 회비를 제 때에 납부하지 않아 힘들 것 같다는 의견을 언급하고 회비를 내 달라고 하였습니다.

3. 그러자 피고가 27명의 산악회원들이 모인 자리에서 느닷없이"원고가 산악회회비를 빼돌린 것 아니냐, 그 전에도 원고가 산악회의 회비를 횡령하여 개인적으로 사용하지 않았느냐"등의 허위사실을 언급함으로써 원고의 명예를 치명적으로 훼손한 사실이 있습니다.

4. 원고는 이 같은 피고의 허위사실유포로 말미암아 정신적인 충격은 말할 것도 없고, 시장에서 장사를 하고 있는 원고로서는 경제적 신용상태에 있어서 씻을 수 없는 상처를 받았을 것임은 경험칙상 너무나도 명백하므로 피고는 이를 원고에게 금전적으로나마 위자할 의무가 있다 할 것이고, 그 액수는 원고의 사회적 지위 등 제반 사정을 참작하여 금 2,000,000원으로 정함이 상당하다 할 것입니다.

5. 그러므로 피고는 원고에게 금 2,000,000원 및 이에 대하여 불법행위일인 ○○○○. ○○. ○○.부터 이 사건 소장부본이 송달 일까지는 민법에서 정한 연 5%의, 그 다음날부터 다 갚는 날까지는 소송촉진등에관한특례법에서 정한 연 12%의 각 비율에 의한 지연손해금을 각 지급할 의무가 있다 할 것이므로 그 지급을 구하고자 이 사건 청구에 이르렀습니다.

소명자료 및 첨부서류

1. 갑 제1호증   목격자 사실확인서

○○○○ 년 ○○ 월 ○○ 일

위 원고 : ○   ○   ○   (인)

울산지방법원 양산시법원 귀중

(2)소장 - 손해배상(기) 청구의 소장 느닷없이 욕설로 모욕하여 치료비와 위자료청구
소장 최신서식

소   장

원   고 ： ○   ○   ○

피   고 ： ○   ○   ○

손해배상(기) 청구의 소

소송물 가액금	금	3,098,000 원
첨부할 인지액	금	15,400 원
첨부한 인지액	금	15,400 원
납부한 송달료	금	104,000 원
비 고		

홍성지원 보령시법원 귀중

소   장

1. 원고

성 명	○ ○ ○	주민등록번호	생략
주 소	충청남도 보령시 ○○로 ○○길 ○○, ○○○호		
직 업	상업	사무실 주 소	생략
전 화	(휴대폰) 010 - 1255 - 0000		
기타사항	이 사건 피해자입니다.		

2. 피고

성 명	○ ○ ○	주민등록번호	생략
주 소	충청남도 보령시 ○○로 ○길 ○○, ○○○호		
직 업	상업	사무실 주 소	생략
전 화	(휴대폰) 010 - 9876 - 0000		
기타사항	이 사건 가해자입니다.		

3.손해배상(기) 청구의 소

청구취지

1. 피고는 원고에게 금 3,098,000원 및 이에 대하여 ○○○○. ○○. ○○.부터 소장 부본이 송달된 날까지는 연 5%의, 그 다음날부터 다 갚는 날까지 연 12%의 비율에 의한 금원을 지급하라.

2. 소송비용은 피고의 부담으로 한다.

3. 위 제1항은 가집행할 수 있다.

   라는 판결을 구합니다.

청구원인

1. 손해배상책임의 발생

피고는 ○○○○. ○○. ○○. 14:50경 주변 사람들과 이야기를 하고 있는 원고를 보자 느닷없이 마침 여러 사람이 함께 있는 자리에서 '야 이 개새끼야 잘 처먹고 잘 아라 이 망할 놈'이라고 욕설을 하여 원고를 모욕하였고, 이로 인해 원고는 충격을 받고 그 자리에서 쓰러져 병원으로 후송된 뒤 치료를 받고 퇴원한 사실이 있으므로, 피고는 이로 인해 원고가 입은 모든 손해를 배상할 책임이 있다고 할 것입니다.

2. 손해배상책임의 범위

가. 치료비

원고는 이 사건 사고 당일 대천 ○○의원에서 치료비로 금 98,000원을 지출하는 손해를 입었습니다.

나. 위자료

원고는 위 사고로 인해 대인공포증 등으로 시달리는 등 정신적인 고통을 받았으므로 피고는 이를 금전으로나마 보상할 의무가 있다고 할 것인데, 원고의 나이, 직업, 학력, 가정적인 환경 등을 종합적으로 고려할 때 위자료로는 3,000,000원이 상당하다고 할 것입니다.

3. 결론

따라서 피고는 원고에게 금 3,098,000원(치료비 금 98,000원+위자료 금 3,000,000원) 및 이에 대하여 이 사건 발생일인 ○○○○. ○○. ○○.부터 이 사건 소장부본이 송달된 날까지는 민법에서 정한 연 5%의, 그 다음날부터 다 갚는 날까지는 소송촉진등에관한특례법에서 정한 연 12%의 각 비율에 의한 지연손해금을 지급할 의무가 있으므로 그 지급을 구하고자 이 사건 청구에 이르렀습니다.

소명자료 및 첨부서류

1. 갑 제1호증   고소장 접수증명원

1. 갑 제2호증   진단서

1. 갑 제3호증   치료비영수증

○○○○ 년 ○○ 월 ○○ 일

위 원고 : ○ ○ ○   (인)

홍성지원 보령시법원 귀중

(3)소장 - 손해배상(기) 청구의 소장 폭행고소 치료비 일실수익금 위자료청구 소장 최신서식

소　　　　　장

원　고 :　○　　○　　○

피　고 :　○　　○　　○

손해배상(기) 청구의 소

소송물 가액금	금	3,300,000 원	
첨부할 인지액	금	16,500 원	
첨부한 인지액	금	16,500 원	
납부한 송달료	금	104,000 원	
비　　　고			

전주지방법원 김제시법원 귀중

소   장

1.원고

성 명	○ ○ ○	주민등록번호	생략
주 소	전라북도 김제시 ○○로 ○○길 ○○, ○○○호		
직 업	상업	사무실 주 소	생략
전 화	(휴대폰) 010 - 1255 - 0000		
기타사항	이 사건 피해자입니다.		

2.피고

성 명	○ ○ ○	주민등록번호	생략
주 소	전라북도 김제시 ○○로 ○길 ○○, ○○○호		
직 업	상업	사무실 주 소	생략
전 화	(휴대폰) 010 - 9876 - 0000		
기타사항	이 사건 가해자입니다.		

3.손해배상(기) 청구의 소

청구취지

1. 피고는 원고에게 금 3,300,000원 및 이에 대하여 ○○○○. ○○. ○○.부터 소장 부본이 송달된 날까지는 연 5%의, 그 다음날부터 다 갚는 날까지 연 12%의 비율에 의한 금원을 지급하라.

2. 소송비용은 피고의 부담으로 한다.

3. 위 제1항은 가집행할 수 있다.

   라는 판결을 구합니다.

청구원인

1. 손해배상책임의 발생

피고는 ○○○○. ○○. ○○. 15:20경 전라북도 김제시 농협 앞에서 길을 걷고 있던 원고를 불러 세우고 아무 이유도 없이 시비를 걸다가 원고가 이에 대꾸를 하지 않자 느닷없이 주먹으로 원고의 얼굴을 때려 그 충격으로 원고가 그 자리에서 쓰러지자 발로 가슴 등을 밟는 등의 폭행을 당하고 병원으로 후송된 뒤 20일간의 치료를 받은 사실이 있으므로, 피고는 이로 인해 원고가 입은 모든 손해를 배상할 책임이 있다고 할 것입니다.

2. 손해배상책임의 범위

가. 치료비

원고는 ○○○○. ○○. ○○.부터 ○○○○. ○○. ○○.까지 병원에서 치료비로 금 800,000원을 지출하는 손해를 입었습니다.

나. 일실수입

원고는 원래 회사원으로서 월 평균 금 2,000,000원을 급여로 받아 왔는데 ○○○○. ○○. ○○.부터 ○○○○. ○○. ○○.까지 20일 동안 병원을 다니며 치료를 받느라 20일간 일을 하지 못하였으므로, 이로 인한 일실수입은 금 1,500,000원{금 1,500,000원×1(100%)×0.9958(20일간에 상당한 호프만수치)}입니다.

다. 위자료

원고는 위 사고로 인해 대인공포증 등으로 시달리는 등 정신적인 고통을 받았으므로 피고는 이를 금전으로나마 위자할 의무가 있다고 할 것인데, 원고의 나이, 직업, 학력, 가정적인 환경 등을 종합적으로 고려할 때 위자료로는 금 1,000,000원이 상당하다고 할 것입니다.

3. 결론

따라서 원고는 피고로부터 금 3,300,000원(치료비 금 800,000원+일실수입 금 1,500,000원+위자료 금 1,000,000원) 및 이에 대한 ○○○○. ○○. ○○.부터 이 사건 소장부본이 송달된 날까지는 민법에서 정한 연 5%의, 그 다음날부터 다 갚는 날까지는 소송촉진등에관한특례법에서 정한 연 12%의 각 비율에 의한 지연 손해금을 지급 받기 위하여 이 사건 청구에 이른 것입니다.

소명자료 및 첨부서류

1. 갑 제1호증   고소장 접수증명원

1. 갑 제2호증   진단서

1. 갑 제3호증   치료비영수증

1. 갑 제4호증   재직증명서

1. 갑 제5호증   급여명세서

1. 갑 제6호증   근로소득세원천징수영수증

1. 기타 참고자료

○○○○ 년 ○○ 월 ○○ 일

위 원고 : ○ ○ ○   (인)

전주지방법원 김제시법원 귀중

(4)소장 - 손해배상(기) 청구의 소장 협박고소 후 치료비와 위자료지급을 청구하는 소
　　장 최신서식

소　　　　　장

원　고 : ○　　○　　○

피　고 : ○　　○　　○

손해배상(기) 청구의 소

소송물 가액금	금	2,150,800 원	
첨부할 인지액	금	10,700 원	
첨부한 인지액	금	10,700 원	
납부한 송달료	금	104,000 원	
비　　　　고			

광주지방법원 나주시법원 귀중

소 　 장

1. 원고

성　　명	○ ○ ○	주민등록번호	생략
주　　소	전라남도 나주시 ○○로 ○○길 ○○, ○○○호		
직　　업	상업	사무실 주　소	생략
전　　화	(휴대폰) 010 - 1255 - 0000		
기타사항	이 사건 피해자입니다.		

2. 피고

성　　명	○ ○ ○	주민등록번호	생략
주　　소	전라남도 나주시 ○○로 ○길 ○○, ○○○호		
직　　업	상업	사무실 주　소	생략
전　　화	(휴대폰) 010 - 9876 - 0000		
기타사항	이 사건 가해자입니다.		

3.손해배상(기) 청구의 소

청구취지

1. 피고는 원고에게 금 2,150,800원 및 이에 대하여 ○○○○. ○○. ○○.부터 소장 부본이 송달된 날까지는 연 5%의, 그 다음날부터 다 갚는 날까지 연 12%의 비율에 의한 금원을 지급하라.

2. 소송비용은 피고의 부담으로 한다.

3. 위 제1항은 가집행할 수 있다.

   라는 판결을 구합니다.

청구원인

1. 손해배상책임의 발생

피고는 ○○○○. ○○. ○○. 12:40경 원고의 집으로 찾아와 바지주머니에서 흉기를 꺼내 보이며'빨리 빚을 갚지 않으면 네 아이들까지 전부 죽이겠다.'고 원고를 협박하였고, 그 충격으로 인해 원고는 그 자리에서 쓰러져 병원으로 후송된 뒤 치료를 받고 퇴원한 사실이 있으므로, 피고는 이로 인해 원고가 입은 모든 손해를 배상할 책임이 있다고 할 것입니다.

2. 손해배상책임의 범위

가. 치료비

원고는 이 사건 사고 당일 ○○의원에서 치료비로 금 150,800원을 지출하는 손해를 입었습니다.

나. 위자료

원고는 이 사건 사고로 인해 대인공포증 등으로 시달리는 등 정신적인 고통을 받았으므로 피고는 이를 금전으로나마 위자할 의무가 있다고 할 것인데, 원고의 나이, 직업, 학력, 가정적인 환경 등을 종합적으로 고려할 때 위자료로는 금 2,000,000원이 상당하다고 할 것입니다.

3. 결론

따라서 원고는 피고로부터 금 2,150,800원(치료비 금 150,800원+위자료 금 2,000,000원) 및 이에 대한 ○○○○. ○○. ○○.부터 이 사건 소장부본이 송달된 날까지는 민법에서 정한 연 5%의, 그 다음날부터 다 갚는 날까지는 소송촉진 등에관한특례법에서 정한 연 12%의 각 비율에 의한 지연손해금을 지급 받기 위하여 이 사건 청구에 이른 것입니다.

소명자료 및 첨부서류

1. 갑 제1호증   고소장접수증명원

1. 갑 제2호증   진단서

1. 갑 제3호증   치료비영수증

○○○○ 년 ○○ 월 ○○ 일

위 원고 : ○ ○ ○   (인)

광주지방법원 나주시법원 귀중

(5)소장 - 손해배상(기) 청구의 소장 영업방해 단전조치 영업손실 위자료 청구소송 소
    장 최신서식

소   장

원   고 : ○   ○   ○

피   고 : ○   ○   ○

손해배상(기) 청구의 소

소송물 가액금	금	15,200,000 원
첨부할 인지액	금	73,400 원
첨부한 인지액	금	73,400 원
납부한 송달료	금	104,000 원
비 고		

수원지방법원 여주지원 귀중

소   장

1.원고

성 명	○ ○ ○	주민등록번호	생략
주 소	경기도 여주시 ○○로 ○○길 ○○, ○○○호		
직 업	상업	사무실 주 소	생략
전 화	(휴대폰) 010 - 1255 - 0000		
기타사항	이 사건 피해자입니다.		

2.피고

성 명	○ ○ ○	주민등록번호	생략
주 소	경기도 여주시 ○○로 ○길 ○○, ○○○호		
직 업	상업	사무실 주 소	생략
전 화	(휴대폰) 010 - 9876 - 0000		
기타사항	이 사건 가해자입니다.		

3.손해배상(기) 청구의 소

청구취지

1. 피고는 원고에게 금 15,200,000원 및 이에 대하여 ○○○○. ○○. ○○.부터 소장부본이 송달된 날까지는 연 5%의, 그 다음날부터 다 갚는 날까지 연 12%의 비율에 의한 금원을 지급하라.

2. 소송비용은 피고의 부담으로 한다.

3. 위 제1항은 가집행할 수 있다.

   라는 판결을 구합니다.

청구원인

1. 손해배상책임의 발생

원고는 피고 소유의 경기도 여주시 가남면 ○○로 ○○, 아름다운강산이라는 가든을 ○○○○. ○○. ○○. 보증금 2억 원, 월세 230만원, 임대차계약기간은 계약일로부터 2년간으로 정하고 임대하여 이곳에 가든을 운영하고 있습니다.

위 임대차계약기간은 앞으로 1년가량 남아있는데 갑자기 피고가 ○○○○. ○○. ○○. 찾아와서 원고에게 피고가 이곳에서 직접 가든을 운영하겠다며 이사비용을 줄 테니 비워달라고 해서 원고는 일언지하에 거절하고 임대차계약기간까지 가든을 운영하겠다고 항의하자 이에 앙심은 품은 피고가 ○○○○. ○○.○○. 원고들이 가든 문을 닫은 시간을 틈타 전기를 사용하지 못하게 하기 위해 단전함으로써 원고의 가든 영업을 방해하였습니다.

피고는 이로 인해 원고가 입은 모든 손해를 배상할 책임이 있다고 할 것입니다.

2. 손해배상책임의 범위

가. 영업손실

원고는 피고가 단전하기 이전의 3개월 전부터 매출장부에 매출비용을 공제한 순수익을 평균을 내어 이를 기초로 휴업하게 된 ○○○○. ○○. ○○.부터 ○○○○. ○○. ○○. 동안에 발생한 일실수입 8,000,000원의 손해를 입었습니다.

나. 식자재손실

원고는 피고의 갑작스런 단전으로 인하여 대형냉장고에 보관 중이던 식자재 금 4,200,000원(원고가 식자재업체로부터 구입한 영수증)의 자재가 썩는 바람에 손해를 입었습니다.

다. 위자료

원고는 이 사건 사고로 인해 정신적인 고통을 받았으므로 피고는 이를 금전으로나마 위자할 의무가 있다고 할 것인데, 원고의 나이, 직업, 학력, 가정적인 환경 등을 종합적으로 고려할 때 위자료로는 금 3,000,000원이 상당하다고 할 것입니다.

3. 결론

따라서 원고는 피고로부터 금 15,200,000원(영업손실 금 8,000,000원+식자재손실 4,200,000원+위자료 금 3,000,000원) 및 이에 대한 불법행위가 있은 날인 ○○○○. ○○. ○○.부터 이 사건 소장부본이 송달된 날까지는 민법에서 정한 연 5%의, 그 다음날부터 다 갚는 날까지는 소송촉진등에관한특례법에서 정한 연 12%의 각 비율에 의한 지연손해금을 지급 받기 위하여 이 사건 청구에 이른 것입니다.

소명자료 및 첨부서류

1. 갑 제1호증   고소장접수증명원

1. 갑 제2호증   매출장부 3개월분

1. 갑 제3호증   식자재구입내역서

1. 갑 제4호증   임대차계약서

○○○○ 년 ○○ 월 ○○ 일

위 원고 : ○ ○ ○   (인)

수원지방법원 여주지원 귀중

(6)소장 - 손해배상(기) 청구의 소장 불륜관계 폭로협박 치료비 위자료 청구소송 소장
   최신서식

소   장

원   고 : ○   ○   ○

피   고 : ○   ○   ○

손해배상(기) 청구의 소

소송물 가액금	금	2,050,800 원
첨부할 인지액	금	10,200 원
첨부한 인지액	금	10,200 원
납부한 송달료	금	104,000 원
비 고		

해남지원 완도군법원 귀중

소   장

1.원고

성 명	○ ○ ○	주민등록번호	생략
주 소	전라남도 완도군 ○○로 ○○길 ○○, ○○○호		
직 업	상업	사무실 주 소	생략
전 화	(휴대폰) 010 - 1255 - 0000		
기타사항	이 사건 피해자입니다.		

2.피고

성 명	○ ○ ○	주민등록번호	생략
주 소	전라남도 완도군 ○○로 ○길 ○○, ○○○호		
직 업	상업	사무실 주 소	생략
전 화	(휴대폰) 010 - 9876 - 0000		
기타사항	이 사건 가해자입니다.		

3.손해배상(기) 청구의 소

청구취지

1. 피고는 원고에게 금 2,050,800원 및 이에 대하여 ○○○○. ○○. ○○.부터 소장 부본이 송달된 날까지는 연 5%의, 그 다음날부터 다 갚는 날까지 연 12%의 비율에 의한 금원을 지급하라.

2. 소송비용은 피고의 부담으로 한다.

3. 위 제1항은 가집행할 수 있다.

   라는 판결을 구합니다.

청구원인

1. 손해배상책임의 발생

피고는 ○○○○. ○○. ○○. 14:40경 원고가 전라남도 해남군 해남읍 ○○로 ○ ○○, 소재 모텔에서 내연남자의 차량을 타고 나오는 것을 발견 불륜관계로 판단하고, 동 차량을 미행하여 원고가 집으로 들어가는 것을 확인하고 우편함에서 휴대전화요금청구서를 절취하여 원고의 휴대전화번호를 알아낸 후, 공중전화를 이용하여 10회에 걸쳐 원고에게 불륜사실을 폭로하겠다고 협박하였고 그 충격으로 인해 원고는 그 자리에서 쓰러져 병원으로 후송된 뒤 치료를 받고 퇴원한 사실이 있으므로, 피고는 이로 인해 원고가 입은 모든 손해를 배상할 책임이 있다고 할 것입니다.

2. 손해배상책임의 범위

가, 치료비

원고는 이 사건 사고 당일 완도군 완도읍 소재 ○○의원에서 치료비로 금 50,800원을 지출하는 손해를 입었습니다.

나, 위자료

원고는 이 사건 사고로 인해 대인공포증 등으로 시달리는 등 정신적인 고통을 받았으므로 피고는 이를 금전으로나마 위자할 의무가 있다고 할 것인데, 원고의 나이, 직업, 학력, 가정적인 환경 등을 종합적으로 고려할 때 위자료로는 금 2,000,000원이 상당하다고 할 것입니다.

3. 결론

따라서 원고는 피고로부터 금 2,050,800원(치료비 금 50,800원+위자료 금 2,000,000원) 및 이에 대한 이 사건 사고발생일인 ○○○○. ○○. ○○.부터 이 사건 소장부본이 송달된 날까지는 민법에서 정한 연 5%의, 그 다음날부터 다 갚는 날까지는 소송촉진등에관한특례법에서 정한 연 12%의 각 비율에 의한 지연손해금을 지급 받기 위하여 이 사건 청구에 이른 것입니다.

소명자료 및 첨부서류

1. 갑 제1호증   고소장접수증명원

1. 갑 제2호증   진단서

1. 갑 제3호증   치료비영수증

○○○○ 년 ○○ 월 ○○ 일

위 원고 : ○ ○ ○   (인)

해남지원 완도군법원 귀중

(7)소장 - 손해배상(기) 청구의 소장 명예훼손 허위사실유포 위자료 청구소송 소장 최신서식

소   장

원   고 : ○   ○   ○

피   고 : ○   ○   ○

손해배상(기) 청구의 소

소송물 가액금	금	2,000,000 원
첨부할 인지액	금	10,000 원
첨부한 인지액	금	10,000 원
납부한 송달료	금	104,000 원
비 고		

천안지원 아산시법원 귀중

소   장

1.원고

성 명	○ ○ ○	주민등록번호	생략
주 소	천안시 ○○로 ○○길 ○○, ○○○호		
직 업	상업	사무실 주 소	생략
전 화	(휴대폰) 010 - 1255 - 0000		
기타사항	이 사건 피해자입니다.		

2.피고

성 명	○ ○ ○	주민등록번호	생략
주 소	천안시 ○○로 ○길 ○○, ○○○호		
직 업	상업	사무실 주 소	생략
전 화	(휴대폰) 010 - 9876 - 0000		
기타사항	이 사건 가해자입니다.		

3.손해배상(기) 청구의 소

청구취지

1. 피고는 원고에게 금 2,000,000원 및 이에 대하여 ○○○○. ○○. ○○.부터 소장 부본이 송달된 날까지는 연 5%의, 그 다음날부터 다 갚는 날까지 연 12%의 비율에 의한 금원을 지급하라.

2. 소송비용은 피고의 부담으로 한다.

3. 위 제1항은 가집행할 수 있다.

라는 판결을 구합니다.

청구원인

1. 피고는 ○○○○. ○○. ○○. 21:10경 충청남도 아산시 ○○로 ○○○, 피고의 집 3층 방에서 그곳으로부터 약 20미터 거리의 길가에 주차되어 있던 승용차가 불타고 있는 것을 발견하고 곧 불을 *끄고자* 뛰어갔습니다.

2. 그때 그곳을 지나가고 있던 같은 동네에 사는 원고를 보고 원고를 의심하여 아무런 확증이 없음에도 ○○○○. ○○. ○○. 17:40경 피고의 집에서 이웃에 사는 원고에 대하여 "경찰이 아직까지 방화범을 잡지 못하는 것은 다 이유가 있다. 그 범인은 바로 옆 골목에 사는 원고인데 그가 경찰관들과 친하기 때문에 잡지 않는 것이다."라는 등으로 말하여 공연히 사실을 적시하여 원고의 명예를 훼손하였습니다.

3. 원고는 이 같은 피고의 허위사실유포로 말미암아 정신적인 충격은 말할 것도 없고, 한 동네에 살고 있는 원고로서는 졸지에 방화범으로 낙인이 찍히는 등 경제적 신용상태에 있어서 씻을 수 없는 상처를 받았을 것임은 경험칙상 너무나도 명백하므로 피고는 이를 원고에게 금전적으로나마 위자할 의무가 있다 할 것이고, 그 액수는 원고의 사회적 지위 등 제반 사정을 참작하여 금 2,000,000원으로 정함이 상당하다 할 것입니다.

4. 그러므로 피고는 원고에게 금 2,000,000원 및 이에 대하여 불법행위일인 ○○○○. ○○. ○○.부터 이 사건 소장부본이 송달된 날까지는 민법에서 정한 연 5%의, 그 다음날부터 다 갚는 날까지는 소송촉진등에관한특례법에서 정한 연 12%의 각 비율에 의한 지연손해금을 각 지급할 의무가 있다 할 것이므로 그 지급을 구하고자 이 사건 청구에 이르렀습니다.

소명자료 및 첨부서류

1. 갑 제1호증   목격자 사실확인서

1. 갑 제2호증   진술서

○○○○ 년 ○○ 월 ○○ 일

위 원고 : ○   ○   ○   (인)

천안지원 아산시법원 귀중

(8)소장 - 손해배상(기) 청구의 소장 명예훼손 노둑놈 소리쳐 위자료 청구소송 소장 최신서식

소   장

원   고 :   ○   ○   ○

피   고 :   ○   ○   ○

손해배상(기) 청구의 소

소송물 가액금	금	3,000,000 원	
첨부할 인지액	금	15,000 원	
첨부한 인지액	금	15,000 원	
납부한 송달료	금	104,000 원	
비 고			

김천지원 구미시법원 귀중

소   장

1. 원고

성 명	○ ○ ○	주민등록번호	생략
주 소	경상북도 구미시 ○○로 ○○길 ○○, ○○○호		
직 업	상업	사무실 주 소	생략
전 화	(휴대폰) 010 - 1255 - 0000		
기타사항	이 사건 피해자입니다.		

2. 피고

성 명	○ ○ ○	주민등록번호	생략
주 소	경상북도 구미시 ○○로 ○길 ○○, ○○○호		
직 업	상업	사무실 주 소	생략
전 화	(휴대폰) 010 - 9876 - 0000		
기타사항	이 사건 가해자입니다.		

3.손해배상(기) 청구의 소

청구취지

1. 피고는 원고에게 금 3,000,000원 및 이에 대하여 ○○○○. ○○. ○○.부터 소장 부본이 송달된 날까지는 연 5%의, 그 다음날부터 다 갚는 날까지 연 12%의 비율에 의한 금원을 지급하라.

2. 소송비용은 피고의 부담으로 한다.

3. 위 제1항은 가집행할 수 있다.

   라는 판결을 구합니다.

청구원인

1. 피고는 ○○○○. ○○. ○○. 13:20경 경상북도 구미시 ○○로 ○○○,에 있는 금성빌딩 2층 커피숍에서 사실은 원고가 피고의 자전거를 훔쳐 간 사실이 없음에도 불구하고 마침 커피숍에는 동네의 주민들이나 손님 50여명이 듣고 있는 자리에서 원고에게"자전거를 훔쳐간 도둑놈아 빨리 자전거를 내 놓아라!"라고 고래고래 소리쳐 공연히 허위사실을 적시하여 원고의 명예를 훼손한 사실이 있습니다.

2. 원고는 이 같은 피고의 허위사실유포로 말미암아 정신적인 충격은 말할 것도 없고, 한 동네에서 장사를 하고 있는 원고로서는 졸지에 도둑으로 몰리는 등 경제적 신용상태에 있어서 씻을 수 없는 상처를 받았을 것임은 경험칙상 너무나도 명백하므로 피고는 이를 원고에게 금전적으로나마 위자할 의무가 있다 할 것이고, 그 액수는 원고의 사회적 지위 등 제반 사정을 참작하여 금 3,000,000원으로 정함이 상당하다 할 것입니다.

3. 그러므로 피고는 원고에게 금 3,000,000원 및 이에 대하여 불법행위일인 ○○○○. ○○. ○○.부터 이 사건 소장부본이 송달된 날까지는 민법에서 정한 연 5%의, 그 다음날부터 다 갚는 날까지는 소송촉진등에관한특례법에서 정한 연 12%의 각 비율에 의한 지연손해금을 각 지급할 의무가 있다 할 것이므로 그 지급을 구하고자 이 사건 청구에 이르렀습니다.

소명자료 및 첨부서류

1. 갑 제1호증   목격자 사실확인서

1. 갑 제2호증   진술서

○○○○ 년 ○○ 월 ○○ 일

위 원고 : ○ ○ ○ (인)

김천지원 구미시법원 귀중

(9)소장 - 손해배상(기) 청구의 소장 모욕 많은사람 앞에서 욕설 위자료 청구소송 소
　　장 최신서식

소 　　　　　 장

원　　고 : ○　　○　　○

피　　고 : ○　　○　　○

손해배상(기) 청구의 소

소송물 가액금	금	2,048,000 원
첨부할 인지액	금	10,200 원
첨부한 인지액	금	10,200 원
납부한 송달료	금	104,000 원
비　　　　고		

창원지방법원 창원남부시법원 귀중

소 장

1.원고

성 명	○ ○ ○	주민등록번호	생략
주 소	경상남도 창원시 진해구 ○○로 ○○길 ○○○,		
직 업	상업	사무실 주 소	생략
전 화	(휴대폰) 010 - 1255 - 0000		
기타사항	이 사건 피해자입니다.		

2.피고

성 명	○ ○ ○	주민등록번호	생략
주 소	경상남도 창원시 진해구 ○○로 ○○길 ○○,		
직 업	상업	사무실 주 소	생략
전 화	(휴대폰) 010 - 9876 - 0000		
기타사항	이 사건 가해자입니다.		

3.손해배상(기) 청구의 소

청구취지

1. 피고는 원고에게 금 2,048,000원 및 이에 대하여 ○○○○. ○○. ○○.부터 소장 부본이 송달된 날까지는 연 5%의, 그 다음날부터 다 갚는 날까지 연 12%의 비율에 의한 금원을 지급하라.

2. 소송비용은 피고의 부담으로 한다.

3. 위 제1항은 가집행할 수 있다.

　　라는 판결을 구합니다.

청구원인

1. 손해배상책임의 발생

피고는 ○○○○. ○○. ○○. 14:50경 경상남도 창원시 진해구 ○○로 ○○○,에 있는 원고가 운영하는 슈퍼에서 평소 원고가 피고에게 외상을 해주지 않는다는 이유로 소외 ○○○, ◉●◉ 등 마을사람 10여명이 있는 가운데 원고에게 느닷없이 "야 돼지 같은 년아, 네가 혼자 잔뜩 처먹고, 배 두드리며 사나 한번 보자"라고 큰소리로 말하여 공연히 원고를 모욕하였습니다.

2. 손해배상책임의 범위

가. 치료비

원고는 이 사건 사고 당일 진해구 ○○로 소재 ○○의원에서 치료비로 금 48,000원을 지출하는 손해를 입었습니다.

나. 위자료

원고는 위 사고로 인해 대인공포증 등으로 시달리는 등 정신적인 고통을 받았으므로 피고는 이를 금전으로나마 보상할 의무가 있다고 할 것인데, 원고의 나이, 직업, 학력, 가정적인 환경 등을 종합적으로 고려할 때 위자료로는 2,000,000원이 상당하다고 할 것입니다.

3. 결론

따라서 피고는 원고에게 금 2,048,000원(치료비 금 48,000원+위자료 금 2,000,000원) 및 이에 대하여 이 사건 발생일인 ○○○○. ○○. ○○.부터 이 사건 소장부본이 송달된 날까지는 민법에서 정한 연 5%의, 그 다음날부터 다 갚는 날까지는 소송촉진등에관한특례법에서 정한 연 12%의 각 비율에 의한 지연손해금을 지급할 의무가 있으므로 그 지급을 구하고자 이 사건 청구에 이르렀습니다.

소명자료 및 첨부서류

1. 갑 제1호증   고소장

1. 갑 제2호증   고소장접수증명원

1. 갑 제3호증   진단서

1. 갑 제4호증   치료비영수증

○○○○ 년 ○○ 월 ○○ 일

위 원고 : ○ ○ ○   (인)

창원지방법원 창원남부시법원 귀중

(10)소장 - 손해배상(기) 청구의 소장 처와의 부정행위를 한 상간남을 상대로 이혼을
하지 않고 위자료 청구소송 소장

소   장

원   고 : ○   ○   ○

피   고 : ○   ○   ○

손해배상(기) 청구의 소

소송물 가액금	금	30,000,000 원
첨부할 인지액	금	140,000 원
첨부한 인지액	금	140,000 원
납부한 송달료	금	104,000 원
비 고		

의정부지방법원 고양지원 귀중

소   장

1.원고

성 명	○ ○ ○	주민등록번호	생략
주 소	경기도 고양시 ○○구 ○○로 ○○, ○○○호		
직 업	상업	사무실 주 소	생략
전 화	(휴대폰) 010 - 3478 - 0000		
기타사항	이 사건 피해자입니다.		

2.피고

성 명	○ ○ ○	주민등록번호	생략
주 소	경기도 파주시 ○○로 ○○길 ○○, ○○○-○○○호		
직 업	무지	사무실 주 소	생략
전 화	(휴대폰) 010 - 9321 - 0000		
기타사항	이 사건 가해자입니다.		

3. 손해배상(기) 청구의 소

청구취지

1. 피고는 원고에게 금 30,000,000원 및 이에 대하여 ○○○○. ○○. ○○.부터 소장부본이 송달된 날까지는 연 5%의, 그 다음날부터 다 갚는 날까지 연 12%의 비율에 의한 금원을 지급하라.

2. 소송비용은 피고의 부담으로 한다.

3. 위 제1항은 가집행할 수 있다.

  라는 판결을 구합니다.

청구원인

1. 당사자 관계

○ 원고는 소외 ○○○(이하'처'이라고만 줄여 쓰겠습니다.)와 ○○○○. ○○. ○○. 혼인신고를 마친 법률상 부부입니다.

○ 피고는 원고의 처와 부정행위를 저지른 자로서 원고의 혼인생활을 파탄에 이르게 하고 원고에게 커다란 정신적 고통을 가한 자입니다.

2. 이 사건의 경위

가. 원고의 혼인생활

○ 원고는 처와 ○○○○. ○○. ○○. 서울시 강서구 김포공항 소재에서 양가의 축복 속에 결혼식을 올려 현재 슬하에 2남의 자녀를 두고 있습니다.

○ 결혼기간 동안 원고는 처와 힘을 합쳐 아이들과 행복을 누리면서 앞으로 어떻게 살건 지 노후에 대한 진지한 고민을 하는 등 비교적 평범한 혼인생활을 하였습니다.

나, 관할법원

○ 원고는 처와의 혼인생활을 유지하면서 이 사건 손해배상(기) 청구의 소를 제기하였습니다. 원고의 혼인이 파탄에 이르렀다면 가정법원의 관할이 되어야 할 것이겠지만 원고는 어린 아이들 때문에 처와의 혼인을 그대로 유지하면서 피고의 불법행위에 대하여 정신적 고통에 따른 손해배상을 청구하고 있으므로 민사법원의 관할에 해당합니다.

다, 원고가 피고를 알게 된 경위

○ 원고는 처가 ○○○○. ○○. ○○.부터 경기도 파주시 운정 지역 신도시 내에서 미용실을 운영하였고 피고는 같은 건물 내에서 호프집을 운영하면서 알게 되어 서로 자주 만나게 된 것으로 알고 있습니다.

○ 그런데 ○○○○. ○○. ○○. ○○:○○경 늦은 시간인데 처가 집에 들어오지 않아 원고은 처가 운영하는 미용실로 찾아갔는데 미용실에는 처와 피고가 늦은 시간임에도 같이 술을 마시고 있었습니다.

○ 원고는 처가 있는 자리에서 피고에게 처는 가정이 있고 아이들도 있는 유부녀이므로 조심하라고 부탁까지 있습니다.

○ 원고는 처의 외도를 의심하고 있었는데 처가 사용한 신용카드이용내역 서를 확인한 바에 의하면 ○○○○. ○○. ○○. ○○:○○경 ○○모텔이라고 기재되어 있어 확인해보았는데 미용실이 정기휴일에 피고를 만나 상당한 금액을 지출한 것을 비롯하여 ○○○○. ○○. ○○.경 강원도 정선군소재 콘도에 숙박하는 등 피고와 함께 처가 여행도 다녀온 것으로 밝혀졌습니다.

라, 처와 피고의 부정행위

○ 피고는 처가 미용실을 운영하는 같은 건물 내에서 호프집을 운영하면서 수시로 처를 만나 술자리도 자주 가졌고 툭하면 새벽에 들어오는 경우도 있었습니다.

○ 이와 같이 원고는 피고를 알고 있었으며, 피고도 처가 유부녀라는 사실을 알면서도 부정한 행위를 하였습니다.

○ 처는 피고와 휴대전화로 연락을 주고받으며 처나 피고가 주고받은 문자메시지 내용에는 원고의 일상까지 서로 공유하였고, 툭하면 원고의 눈을 피해 다른 곳으로 이동하여 늦은 사건까지 같이 시간을 보내다가 아예 처는 집에 들어오지 않는 날도 가끔 있었습니다.

○ 처는 그동안 원고에게 수도 없이 거짓말을 하여 수시로 피고를 만나 둘이 같이 사진도 찍었는데 처의 휴대전화에 고스란히 저장되어 있습니다.

○ 처는 주로 피고와 만나 원고의 눈을 피해 서울 구파발이나 응암동 등으로 이동해 모텔에서 수차례 성관계를 가졌습니다.

마, 소결

○ 원고는 피고의 부정한 행위로 인하여 극심한 충격에 빠졌으며 피고는 처가

가정이 있고 아이들까지 있는 유부녀임을 알면서도 해서는 안 될 부정행위를 저질렀습니다.

○ 그로 인하여 원고의 가정은 파탄의 지경에 이른 것과 다름없는 상황이며 이에 원고는 가정을 지키고 어린 아이들을 위하여 원고가 입은 크나큰 정신적 피해를 조금이나마 덜고자 이 사건 소에 이르렀습니다.

3. 피고의 손해배상의무

가. 부정행위에 가담한 제3자의 손해배상 책임에 대한 대법원의 입장 제3자도 타인의 부부공동생활에 개입하여 부부공동생활의 파탄을 초래하는 등 혼인의 본질에 해당하는 부부공동생활을 방해하여서는 안 될 것입니다.

대법원은 '제3자가 부부의 일방과 부정행위를 함으로써 혼인의 본질에 해당하는 부부공동생활을 침해하거나 유지를 방해하고 그에 대한 배우자로서의 권리를 침해하여 배우자에게 정신적 고통을 가하는 행위는 원칙적으로 불법행위를 구성한다.

여기서 부정한 행위란 간통을 포함하여 보다 넓은 개념으로서 간통에까지는 이르지 아니하나 부부의 정조의무에 충실하지 않는 일체의 부정한 행위가 이에 포함되고(대법원 1988. 5. 24. 선고 88므7 판결 등 참조),

부정한 행위인지 여부는 각 구체적 사안에 따라 그 정도와 상황을 참작하여 평가하여야 한다.(대법원 2013.11.28. 선고 2010므4095 판결, 대법원 1992. 11. 10. 선고 92므68 판결 등 참조)'고 일관되게 판시히고 있습니다.

그렇다면 피고는 원고의 가정의 순결성을 깨뜨리고, 이로 인하여 원고에게 회복할 수 없는 정신적 상처를 입혔습니다.

원고는 피고를 상대로 불법행위에 기한 손해배상을 구하고자 이건 소제기에 이른 것입니다(대법원 1965. 5. 31. 65므14, 대법원 1963. 11 . 7. 63다587, 대법원 1970. 4. 28. 69므37).

나. 원고의 정신적 고통

원고는 부부간의 별 문제없이 살아온 ○년 동안의 결혼 생활이 피고와 처의 부정행위로 송두리째 흔들리고 정서적 불안감과 상실감에 신음하며 현재까지 지옥 같은 나날을 보내고 있습니다.

그래도 가정을 지키기 위하여 평소와 다름없는 생활하고자 최선을 다하고 있습니다.

다. 소결

그래서 원고와 처와의 혼인생활의 기간, 혼인파탄의 경위 및 정도, 피고의 부정행위 내용 및 정도 등 제반사정을 참작하여 피고는 원고에게 위자료로 금 30,000,000원을 지급함이 마땅하다 할 것입니다.

4. 결론

○ 이상과 같은 이유로 본 건 청구에 이르렀으니 원고의 청구를 인용하는 판결을 내려 주시기 바랍니다.

입증방법 및 첨부서류

1. 갑 제1호증   혼인관계증명서

1. 갑 제2호증   사진

1. 갑 제3호증   휴대전화사용내역서

1. 갑 제4호증   모텔의 사용용품 사진

1. 소장 부본

1. 납부서

○○○○ 년 ○○ 월 ○○ 일

위 원고 : ○ ○ ○   (인)

의정부지방법원 고양지원 귀중

(11)소장 - 손해배상(기) 청구의 소장 부정행위를 한 상간녀를 상대로 이혼은 하지 않고 위자료 청구소송 소장

소　　　　　장

원　고 : ○　　　○　　　○

피　고 : ○　　　○　　　○

손해배상(기) 청구의 소

소송물 가액금	금	30,000,000 원	
첨부할 인지액	금	140,000 원	
첨부한 인지액	금	140,000 원	
납부한 송달료	금	104,000 원	
비　　고			

전주지방법원 남원지원 귀중

소   장

1.원고

성 명	○ ○ ○	주민등록번호	생략
주 소	전라북도 남원시 ○○로 ○○, ○○다세대주택 201호		
직 업	상업	사무실 주 소	생략
전 화	(휴대폰) 010 - 3345 - 0000		
기타사항	이 사건 피해자입니다.		

2.피고

성 명	○ ○ ○	주민등록번호	생략
주 소	전라북도 군산시 ○○로길 ○○, ○○○호		
직 업	무지	사무실 주 소	생략
전 화	(휴대폰) 010 - 4431 - 0000		
기타사항	이 사건 가해자입니다.		

3.손해배상(기) 청구의 소

청구취지

1. 피고는 원고에게 금 30,000,000원 및 이에 대하여 ○○○○. ○○. ○○.부터 소장부본이 송달된 날까지는 연 5%의, 그 다음날부터 다 갚는 날까지 연 12%의 비율에 의한 금원을 지급하라.

2. 소송비용은 피고의 부담으로 한다.

3. 위 제1항은 가집행할 수 있다.

   라는 판결을 구합니다.

청구원인

1. 당사자 관계

○ 원고는 소외 ○○○(이하'남편'이라고만 줄여 쓰겠습니다.)와 ○○○○. ○○. ○○. 혼인신고를 마친 법률상 부부입니다.

○ 피고는 원고의 남편과 부정행위를 저지른 자로서 원고의 혼인생활을 파탄에 이르게 하고 원고에게 커다란 정신적 고통을 가한 자입니다.

2. 이 사건의 경위

가. 원고의 혼인생활

○ 원고는 남편과 ○○○○. ○○. ○○. 전라북도 전주시에서 양가의 축복 속에 결혼식을 올려 현재 슬하에 1남 1녀의 자녀를 두고 있습니다.

○ 결혼기간 동안 원고는 남편과 힘을 합쳐 아이들과 행복을 누리면서 앞으로 어떻게 살건 지 노후에 대한 진지한 고민을 하는 등 평범한 혼인생활을 하였습니다.

나, 관할법원

○ 원고는 남편과의 혼인생활을 유지하면서 이 사건 손해배상(기) 청구의 소를 제기하였습니다. 원고의 혼인이 파탄에 이르렀다면 가정법원의 관할이 되어야 할 것이지만 원고는 혼인을 그대로 유지하면서 피고의 불법행위에 대하여 정신적 고통에 따는 손해배상을 청구하고 있으므로 민사법원의 관할에 해당합니다.

다, 원고가 피고를 알게 된 경위

○ 원고는 ○○○○. ○○. ○○. ○○:○○경 잠을 자다가 잠깐 일어났는데 베란다에서 남편이 누군가에게 휴대전화로 오늘은 집에 있으니 갈 수 없다는 내용의 통화하는 말을 듣게 되었습니다.

○ 그런데 남편은 계속해서 한숨을 푹 쉬면서 누군가에게 알았다 미안해 사랑한다는 말을 하더니 휴대전화를 끊는 모습을 보았습니다. 그래도 원고는 대수롭지 않게 생각하였습니다.

○ 그 이후에도 여러 번 누군가와 휴대전화를 자주하는 것을 목격하고 원고가 이상하게 생각하고 남편의 휴대전화 통화내역을 확인하자, 남편이 다녔던 전 직장의 동료였던 피고와 ○○○○. ○○. ○○.경부터 ○○○○. ○○. ○○.까지 무려 ○○통의 휴대전화를 주고받은 사실을 알게 되었습니다.

○ 원고는 남편의 외도를 의심하고 있었는데 남편이 사용한 신용카드이용내역서가 집으로 왔는데 확인해보니 남편이 피고가 살고 있는 군산시내에서 상당한 금액을 지출한 것을 비롯하여 남편이 ○○○○. ○○. ○○.경 제주도로 피고와 함께 남편이 여행도 다녀온 것으로 밝혀졌습니다.

라, 남편과 피고의 부정행위

○ 피고는 남편이 퇴직하기 전 직장의 동료로서 수시로 남편을 만나 술자리도 자주 가졌고 툭하면 새벽에 들어오는 경우도 있습니다.

○ 이와 같이 원고는 피고를 알고 있었으며, 피고도 남편이 유부남이라는 사실을 알면서도 부정한 행위를 하였습니다.

○ 피고는 남편과 수시로 휴대전화로 연락을 주고받으며 남편이 피고에게 보낸 문자메시지 내용에는 원고의 일상까지 서로 공유하였고, 툭하면 원고의 눈을 피해 휴대전화로 통화를 하였습니다.

○ 남편은 그동안 원고에게 수도 없이 거짓말을 하여 수시로 피고를 만나 피고집 주변에서 둘이 같이 사진도 찍었는데 남편의 휴대전화에 고스란히 저장되어 있습니다.

○ 남편은 피고의 집이 있는 군산에서 만나 전주로 이동해 ○○모텔에서 수차례 성관계를 가졌습니다.

마, 소결

○ 원고는 피고의 부정한 행위로 인하여 극심한 충격에 빠졌으며 피고는 가정

이 있고 아이들까지 있는 유부남임을 알면서도 해서는 안 될 부정행위를 저질렀습니다.

○ 그로 인하여 원고의 가정은 파탄의 지경에 이른 것과 다름없는 상황이며 이에 원고는 가정을 지키고 원고가 입은 크나큰 정신적 피해를 조금이나마 덜고자 이 사건 소에 이르렀습니다.

3. 피고의 손해배상의무

가. 부정행위에 가담한 제3자의 손해배상 책임에 대한 대법원의 입장 제3자도 타인의 부부공동생활에 개입하여 부부공동생활의 파탄을 초래하는 등 혼인의 본질에 해당하는 부부공동생활을 방해하여서는 안 될 것입니다.

대법원은 '제3자가 부부의 일방과 부정행위를 함으로써 혼인의 본질에 해당하는 부부공동생활을 침해하거나 유지를 방해하고 그에 대한 배우자로서의 권리를 침해하여 배우자에게 정신적 고통을 가하는 행위는 원칙적으로 불법행위를 구성한다.

여기서 부정한 행위란 간통을 포함하여 보다 넓은 개념으로서 간통에까지는 이르지 아니하나 부부의 정조의무에 충실하지 않는 일체의 부정한 행위가 이에 포함되고(대법원 1988. 5. 24. 선고 88므7 판결 등 참조),

부정한 행위인지 여부는 각 구체적 사안에 따라 그 정도와 상황을 참작하여 평가하여야 한다.(대법원 2013.11.28. 선고 2010므4095 판결, 대법원 1992. 11. 10. 선고 92므68 판결 등 참조)'고 일관되게 판시하고 있습니다.

그렇다면 피고는 원고의 가정의 순결성을 깨뜨리고, 이로 인하여 원고에게 회복할 수 없는 정신적 상처를 입혔습니다.

원고는 피고를 상대로 불법행위에 기한 손해배상을 구하고자 이건 소제기에 이른 것입니다(대법원 1965. 5. 31. 65므14, 대법원 1963. 11 . 7. 63다587, 대법원 1970. 4. 28. 69므37).

나. 원고의 정신적 고통

원고는 부부간의 별 문제없이 살아온 ○○년 동안의 결혼 생활이 피고와 남편의 부정행위로 송두리째 흔들리고 정서적 불안감과 상실감에 신음하며 현재까지 지옥 같은 나날을 보내고 있습니다.

그래도 가정을 지키기 위하여 평소와 다름없는 생활하고자 최선을 다하고 있습니다.

다. 소결

그래서 원고와 남편의 혼인생활의 기간, 혼인파탄의 경위 및 정도, 피고의 부정행위 내용 및 정도 등 제반사정을 참작하여 피고는 원고에게 위자료로 금 30,000,000원을 지급함이 마땅하다 할 것입니다.

4. 결론

○ 이상과 같은 이유로 본 건 청구에 이르렀으니 원고의 청구를 인용하는 판결을 내려 주시기 바랍니다.

입증방법 및 첨부서류

1. 갑 제1호증   혼인관계증명서

1. 갑 제2호증   사진

1. 갑 제3호증   휴대전화사용내역서

1. 갑 제4호증   모텔의 사용용품 사진

1. 소장 부본

1. 납부서

○○○○ 년 ○○ 월 ○○ 일

위 원고 : ○ ○ ○   (인)

전주지방법원 남원지원 귀중

(12)소장 - 손해배상(기) 위자료청구 남편이 고용된 여직원과 불륜관계 부정행위 정신
    적 고통 위자료 청구소송 소장

소   장

원   고 :   ○   ○   ○

피   고 :   ○   ○   ○

손해배상(기) 청구의 소

소송물 가액금	금	30,000,000 원	
첨부할 인지액	금	140,000 원	
첨부한 인지액	금	140,000 원	
납부한 송달료	금	104,000 원	
비 고			

의정부지방법원 남양주시법원 귀중

소　　　　　장

1. 원고

성　　명	○ ○ ○	주민등록번호	생략
주　　소	경기도 남양주시 ○○○로 ○○, ○○○-○○○○호		
직　　업	주부	사무실 주　소	생략
전　　화	(휴대폰) 010 - 9923 - 0000		
기타사항	이 사건 피해자입니다.		

2. 피고

성　　명	○ ○ ○	주민등록번호	생략
주　　소	경기도 양주시 ○○로길 ○○, 다세대주택 ○○○호		
직　　업	무지	사무실 주　소	생략
전　　화	(휴대폰) 010 - 6657 - 0000		
기타사항	이 사건 가해자입니다.		

3.손해배상(기) 청구의 소

청구취지

1. 피고는 원고에게 금 30,000,000원 및 이에 대하여 ○○○○. ○○. ○○.부터 소장부본이 송달된 날까지는 연 5%의, 그 다음날부터 다 갚는 날까지 연 12%의 비율에 의한 금원을 지급하라.

2. 소송비용은 피고의 부담으로 한다.

3. 위 제1항은 가집행할 수 있다.

   라는 판결을 구합니다.

청구원인

1. 당사자 관계

○ 원고는 소외 ○○○(이하 '남편'이라고만 줄여 쓰겠습니다.)와 ○○○○. ○○. ○○. 혼인신고를 마친 법률상 부부입니다.

○ 피고는 원고의 남편과 부정행위를 저지른 자로서 원고의 혼인생활을 파탄에 이르게 하고 원고에게 커다란 정신적 고통을 가한 자입니다.

2. 이 사건의 경위

가. 원고의 혼인생활

○ 원고는 남편과 ○○○○. ○○. ○○. 경기도 의정부시 ○○동 소재에서 양가의 축복 속에 결혼식을 올려 현재 슬하에 2남 2녀의 자녀를 두고 있습니다.

○ 결혼기간 동안 원고는 남편과 서로 힘을 합쳐 아이들과 행복을 누리면서 앞으로 어떻게 살건 지 노후에 대한 진지한 고민을 하는 등 다른 사람들이 부러워 할 정도로 비교적 평범한 혼인생활을 하였습니다.

나. 관할법원

○ 원고는 남편과의 어린 아이들을 생각해서 계속 혼인생활을 유지하면서 이 사건 손해배상(기) 청구의 소를 제기하였습니다.

원고의 혼인이 파탄에 이르렀다면 가정법원의 관할이 되어야 할 것이겠지만 원고는 어린 아이들의 후생복지를 위하여 남편과의 혼인을 그대로 유지하면서 피고의 불법행위에 대하여 정신적 고통에 따른 손해배상을 청구하고 있으므로 민사법원의 관할에 해당합니다.

따라서 원고는 피고에게 정신적인 위자료로 금 3,000만 원을 청구한 것이므로 관할법원은 의정부지방법원 남양주시법원이 됩니다.

다, 원고가 피고를 알게 된 경위

○ 원고는 남편이 ○○○○. ○○. ○○.부터 경기도 의정부시 ○○로 ○○,에서 부동산중개사사무실을 운영하였고, 피고는 남편인 운영하는 부동산중개사 사무소에 직원으로 고용되어 중개보조업무를 하였기 때문에 피고와 남편은 수시로 외부에서 만난 것으로 알고 있습니다.

○ 그런데 남편이 침대 옆에 휴대폰을 놓고 잠이 들었는데 ○○○○. ○○. ○○. ○○:○○경 늦은 시간인데 피고가 문자메시지로 왜 오늘은 안와 나 외로워 못살겠어, 중요한 약속이 생겼다고 둘러대고 빨리와 나 정말 미칠 것 같아 라는 문자메이지를 확인할 수 있었습니다.

그래서 원고는 남편의 휴대전화에서 원고의 휴대전화로 문자 l 메시지를 복사하여 별지 첨부하였습니다.

○ 원고는 그 이후 남편의 행동을 유심히 관찰하였습니다.

남편과 피고가 퇴근 후에 바로 피고가 상고 있는 집으로 나란히 팔짱을 낀 채 들어가는 모습을 목격하고 집으로 돌아왔는데 남편이 늦은 시간에 전화하여 포천에 있는 친구 누구가 초상이 났다며 오늘은 들어올 수 없다고 거짓말을 하고 남편은 집에 들어오지 않았습니다.

○ 원고는 남편의 외도를 의심하고 있었는데 남편이 사용한 신용카드이용내역서를 확인한 바에 의하면 ○○○○. ○○. ○○. ○○:○○경 ○○모텔이라고 기재되어 있어 확인해보았는데 부동산사무소가 정기휴일에 피고를 만나 상당한 금액을 지출한 것을 비롯하여 ○○○○. ○○. ○○.경 강원도 정선군소재 콘도에 숙박하는 등 피고와 함께 남편이 다녀온 것으로 밝혀졌습니다.

라, 남편과 피고의 부정행위

○ 피고는 남편이 운영하는 부동산중개사사무실의 직원으로 고용되어 일하면서 수시로 남편을 만나 술자리도 자주 가졌고 툭하면 새벽에 들어오는 경우도 많았습니다.

○ 이와 같이 원고는 피고를 알고 있었으며, 피고도 남편이 유부남이라는 사실을 알면서도 부정한 행위를 자행하였습니다.

○ 남편은 그 이후 피고에게 휴대전화로 연락을 주고받으면서 원고의 사사로운 일상까지 서로 공유하였는가하면 툭하면 원고의 눈을 피해 다른 곳으로 이동하여 늦은 시간까지 같이 시간을 보내다가 아예 남편은 집에 들어오지 않는 날도 자주 있었습니다.

○ 남편은 그동안 원고에게 수도 없이 거짓말을 하여 수시로 피고를 만나 둘이 사진도 찍었는데 강릉에서 같이 찍은 사진도 남편의 휴대전화에 고스란히 저장되어 있습니다.

○ 남편은 피고와 만나 원고의 눈을 피해 주로 일산이나 의정부시내로 이동하여 모텔에서 수차례 성관계를 가졌습니다.

마, 소결

○ 원고는 피고의 부정한 행위로 인하여 극심한 충격에 빠졌으며 피고는 남편이 가정이 있고 아이들까지 있는 유부남임을 잘 알면서도 해서는 안 될 부정행위를 저질렀습니다.

○ 그로 인하여 원고의 가정은 파탄의 지경에 이른 것과 다름없는 상황에서 원고는 가정을 지키고 어린 아이들을 위하여 원고가 입은 크나큰 정신적 피해를 조금이나마 덜고자 이 사건 청구에 이르렀습니다.

3. 피고의 손해배상의무

가. 부정행위에 가담한 제3자의 손해배상 책임에 대한 대법원의 입장 제3자도 타인의 부부공동생활에 개입하여 부부공동생활의 파탄을 초래하는 등 혼인의 본질에 해당하는 부부공동생활을 방해하여서는 안 될 것입니다.

대법원은'제3자가 부부의 일방과 부정행위를 함으로써 혼인의 본질에 해당하는 부부공동생활을 침해하거나 유지를 방해하고 그에 대한 배우자로서의 권리를 침해하여 배우자에게 정신적 고통을 가하는 행위는 원칙적으로 불법행위를 구성한다.

여기서 부정한 행위란 간통을 포함하여 보다 넓은 개념으로서 간통에까지는 이르지 아니하나 부부의 정조의무에 충실하지 않는 일체의 부정한 행위가 이에 포함되고(대법원 1988. 5. 24. 선고 88므7 판결 등 참조),

부정한 행위인지 여부는 각 구체적 사안에 따라 그 정도와 상황을 참작하여 평가하여야 한다.(대법원 2013.11.28. 선고 2010므4095 판결, 대법원 1992. 11. 10. 선고 92므68 판결 등 참조)'고 일관되게 판시하고 있습니다.

그렇다면 피고는 원고의 가정의 순결성을 깨뜨리고, 이로 인하여 원고에게 회복할 수 없는 정신적 상처를 입혔습니다.

원고는 피고를 상대로 불법행위에 기한 손해배상을 구하고자 이건 소제기에 이른 것입니다(대법원 1965. 5. 31. 65므14, 대법원 1963. 11 . 7. 63다587, 대법원 1970. 4. 28. 69므37).

나. 원고의 정신적 고통

원고는 부부간의 별 문제없이 살아온 11년 동안의 결혼 생활이 피고와 남편의 부정행위로 송두리째 흔들리고 정서적 불안감과 상실감에 신음하며 현재까지 지옥 같은 나날을 보내고 있습니다.

그래도 가정을 지키기 위하여 평소와 다름없는 생활을 하고자 최선을 다하고 있습니다.

다. 소결

그래서 원고와 남편의 혼인생활의 기간, 혼인파탄의 경위 및 정도, 피고의 부정행위 내용 및 정도 등 제반사정을 참작하여 피고는 원고에게 위자료로 금 30,000,000원을 지급함이 마땅하다 할 것입니다.

4. 결론

○ 이상과 같은 이유로 본 건 청구에 이르렀으니 원고의 청구를 인용하는 판결을 내려 주시기 바랍니다.

입증방법 및 첨부서류

1. 갑 제1호증   혼인관계증명서

1. 갑 제2호증   사진

1. 갑 제3호증   휴대전화 메시지 내용

1. 갑 제4호증   모텔을 투숙한 근거

1. 소장 부본

1. 납부서

○○○○ 년 ○○ 월 ○○ 일

위 원고 : ○ ○ ○   (인)

의정부지방법원 남양주시법원 귀중

(13)소장 - 손해배상(기) 청구소송 남편이 동창여성과 불륜관계 부정행위 기한 이혼하
지 않고 위자료만 청구하는 소장

소 　 　 장

원　고 : ○　　　○　　　○

피　고 : ○　　　○　　　○

손해배상(기) 청구의 소

소송물 가액금	금	50,000,000 원	
첨부할 인지액	금	230,000 원	
첨부한 인지액	금	230,000 원	
납부한 송달료	금	156,000 원	
비　　　고			

대전지방법원 홍성지원 귀중

소　　　장

1. 원고

성　　명	○ ○ ○	주민등록번호	생략
주　　소	충청남도 보령시 ○○로 ○○, ○○○-○○○○호		
직　　업	주부	사무실 주　소	생략
전　　화	(휴대폰) 010 - 8813 - 0000		
기타사항	이 사건 피해자입니다.		

2. 피고

성　　명	○ ○ ○	주민등록번호	생략
주　　소	충청남도 부여시 ○○로 ○○, 다세대주택 ○○○호		
직　　업	무지	사무실 주　소	생략
전　　화	(휴대폰) 010 - 8845 - 0000		
기타사항	이 사건 가해자입니다.		

3.손해배상(기) 청구의 소

청구취지

1. 피고는 원고에게 금 50,000,000원 및 이에 대하여 ○○○○. ○○. ○○.부터 소장부본이 송달된 날까지는 연 5%의, 그 다음날부터 다 갚는 날까지 연 12%의 비율에 의한 금원을 지급하라.

2. 소송비용은 피고의 부담으로 한다.

3. 위 제1항은 가집행할 수 있다.

   라는 판결을 구합니다.

청구원인

1. 당사자 관계

○ 원고는 소외 ○○○(이하 '남편'이라고만 줄여 쓰겠습니다.)와 ○○○○. ○○. ○○. 혼인신고를 마친 법률상 부부입니다.

○ 피고는 원고의 남편과 부정행위를 저지른 자로서 원고의 혼인생활을 파탄에 이르게 하였을 뿐 아니라 원고에게 커다란 정신적 고통을 가한 자입니다.

2. 이 사건의 경위

가. 원고의 혼인생활

○ 원고는 남편과 ○○○○. ○○. ○○. 대전시 ○○동 소재에서 양가 부모님의 축복 속에 결혼식을 올려 현재 슬하에 1남 2녀의 자녀를 두고 있습니다.

○ 결혼기간 동안 원고는 남편과 서로 힘을 합쳐 아이들과 행복을 누리면서 앞으로 어떻게 살건 지 노후에 대한 진지한 고민을 하는 등 다른 사람들이 부러워 할 정도로 비교적 평범한 혼인생활을 하였습니다.

나, 관할법원

○ 원고는 남편과의 어린 아이들을 생각해서 계속 혼인생활을 유지하면서 이 사건 손해배상(기) 청구의 소를 제기하게 된 것입니다.

원고의 혼인이 파탄에 이르렀다면 가정법원의 관할이 되어야 할 것이겠지만 원고는 어린 아이들의 복지를 위하여 남편과의 혼인을 그대로 유지하면서 피고ㅇ릐 남편에 대한 불법행위에 대하여 정신적 고통에 따른 손해배상을 청구하고 있으므로 민사법원의 관할에 해당합니다.

따라서 원고는 피고에게 정신적인 위자료로 금 50,000,000원을 청구한 것이므로 관할법원은 대전지방법원 홍성지원이 됩니다.

다, 원고가 피고를 알게 된 경위

○ 원고는 남편이 ○○○○. ○○. ○○.부터 충청남도 보령시 ○○로 ○○,에서 주식회사 ○○건축이라는 상호로 건축회사를 운영하였고, 피고는 남편과는 초등학교 동창생으로 첫사랑이라며 피고와 남편은 수시로 대전에서 만난 것으로 알고 있습니다.

○ 남편이 지방에 있는 현장에서 당분간 숙식을 해야겠다며 아예 집에 들어오지 않아 ○○○○. ○○. ○○. 남편이 일을 한다는 천안시 ○○로 ○○, 소재 공사현장이 있는 곳으로 속옷과 양말 등을 챙겨 찾아갔습니다.

그런데 남편이 숙소로 알려준 곳으로 갔었는데 숙소에는 남편이 혼자 사용하지 않고 남편의 속옷이나 양말을 포함하여 원만한 옷들은 세탁이 되어 있는 것을 목격하였고 신발장에는 여자신발까지 들어있었고, 배게도 있어서 이상하게 생각하고 남편에게 아이들 때문에 집으로 간다고 하고 밤늦은 시간까지 멀리서 남편을 지켜봤습니다.

조금 있으니까 피고가 남편에게 달려와 그대로 같이 집으로 들어가는 것을 눈치 채지 않게 휴대전화로 사진을 찍었습니다.

○ 원고는 그 후 남편의 행동을 유심히 관찰하였습니다.

남편과 피고는 아예 원고의 눈을 피해 숙소라는 이름으로 방을 얻어놓고 살림을 차렸습니다.

○ 원고는 남편의 외도를 의심하고 있었는데 남편이 사용한 신용카드이용내역서를 보면 대부분 피고의 집이 있는 부여시의 어느 모텔이고 피고의 집이 아니면 모텔에서 모텔이 아니면 남편이 얻어놓은 숙소에서 남편과 피고는 수시로 원고의 눈을 피해 만났습니다.

라, 남편과 피고의 부정행위

○ 피고는 남편과 초등학교 동창생으로 수시로 남편을 만나 술자리도 자주 가졌고 아예 숙소에 들어오지 않는 경우도 많았습니다.

○ 이와 같이 원고는 피고를 알고 있었으며, 피고도 남편이 초등학교 동창생으로 누구보다도 유부남이라는 사실을 잘 알면서도 부정한 행위를 저질렀습니다.

○ 남편은 그 이후에도 아예 피고와 수사로 만나 동거생활을 하면서 원고의 사사로운 일상까지 서로 공유하였는가하면 툭하면 원고의 눈을 피해 다른 곳으로 이동하여 늦은 시간까지 같이 시간을 보내다가 남편은 숙소로 들어오지 않는 날도 자주 있었습니다.

○ 남편은 그동안 원고에게 수도 없이 거짓말을 하여 수시로 피고를 만나 둘이 다정하게 사진도 찍었고 전라남도 여수에 피고와 같이 여행을 가서 찍은 사진도 남편은 자신의 휴대전화 메인체이지에 저장되어 있습니다.

○ 남편은 피고와 만나 원고의 눈을 피해 주로 전라북도 군산이나 장항 등으로 이동하여 모텔에서 수차례 성관계를 가졌습니다.

마, 소결

○ 원고는 피고의 부정한 행위로 인하여 극심한 충격에 빠졌으며 피고는 남편과 초등학교 동창생으로 남편이 가정이 있고 어린 아이들까지 있는 유부남이라는 사실을 너무나도 잘 알면서도 해서는 안 될 부정행위를 저지른 것입니다.

○ 그로 인하여 원고의 가정은 파탄의 지경에 이른 것과 다름없는 상황에서 원고는 가정을 지키고 어린 아이들을 위하여 원고가 입은 크나큰 정신적 피해를 조금이나마 덜고자 이 사건 청구에 이르렀습니다.

3. 피고의 손해배상의무

가. 부정행위에 가담한 제3자의 손해배상 책임에 대한 대법원의 입장 제3자도 타인의 부부공동생활에 개입하여 부부공동생활의 파탄을 초래하는 등 혼인의 본질에 해당하는 부부공동생활을 방해하여서는 안 될 것입니다.

대법원은'제3자가 부부의 일방과 부정행위를 함으로써 혼인의 본질에 해당하는 부부공동생활을 침해하거나 유지를 방해하고 그에 대한 배우자로서의 권리를 침해하여 배우자에게 정신적 고통을 가하는 행위는 원칙적으로 불법행위를 구성한다.

여기서 부정한 행위란 간통을 포함하여 보다 넓은 개념으로서 간통에까지는 이르지 아니하나 부부의 정조의무에 충실하지 않는 일체의 부정한 행위가 이에 포함되고(대법원 1988. 5. 24. 선고 88므7 판결 등 참조),

부정한 행위인지 여부는 각 구체적 사안에 따라 그 정도와 상황을 참작하여 평가하여야 한다.(대법원 2013.11.28. 선고 2010므4095 판결, 대법원 1992. 11. 10. 선고 92므68 판결 등 참조)'고 일관되게 판시하고 있습니다.

그렇다면 피고는 원고의 가정의 순결성을 깨뜨리고, 이로 인하여 원고에게 회복할 수 없는 정신적 상처를 입혔습니다.

원고는 피고를 상대로 불법행위에 기한 손해배상을 구하고자 이건 소제기에 이른 것입니다(대법원 1965. 5. 31. 65므14, 대법원 1963. 11 . 7. 63다587, 대법원 1970. 4. 28. 69므37).

나. 원고의 정신적 고통

원고는 부부간의 별 문제없이 살아온 11년 동안의 결혼 생활이 피고와 남편의 부정행위로 송두리째 흔들리고 정서적 불안감과 상실감에 신음하며 현재까지 지옥 같은 나날을 보내고 있습니다.

그래도 가정을 지키기 위하여 평소와 다름없는 생활을 하고자 최선을 다하고 있습니다.

다. 소결

그래서 원고와 남편의 혼인생활의 기간, 혼인파탄의 경위 및 정도, 피고의 부정행위 내용 및 정도 등 제반사정을 참작하여 피고는 원고에게 위자료로 금 50,000,000원을 지급함이 마땅하다 할 것입니다.

4. 결론

○ 이상과 같은 이유로 본 건 청구에 이르렀으니 원고의 청구를 인용하는 판결을 내려 주시기 바랍니다.

입증방법 및 첨부서류

1. 갑 제1호증   혼인관계증명서

1. 갑 제2호증   사진 2매

1. 갑 제3호증   휴대전화 메시지 내용

1. 갑 제4호증   모텔에 투숙한 근거

1. 소장 부본

1. 납부서

○○○○ 년 ○○ 월 ○○ 일

위 원고 : ○ ○ ○   (인)

대전지방법원 홍성지원 귀중

(14)소장 - 손해배상(기) 청구의 소장 원고가 피고에게 폭행 치료비 위자료 일실수익
금 손해배상청구 소장 최신서식

소   장

원 고 : ○   ○   ○

피 고 : ○   ○   ○

손해배상(기) 청구의 소

소송물 가액금	금 10,317,590 원	
첨부할 인지액	금 51,400 원	
첨부한 인지액	금 51,400 원	
납부한 송달료	금 104,000 원	
비 고		

수원지방법원 오산시법원 귀중

소   장

1.원고

성 명	○ ○ ○	주민등록번호	생략
주 소	경기도 화성시 ○○로 ○○, ○○○호		
직 업	농업	사무실 주 소	생략
전 화	(휴대폰) 010 - 3499 - 0000		
기타사항	폭행사고에 대한 상해 피해자입니다.		

2.피고

성 명	○ ○ ○	주민등록번호	생략
주 소	경기도 오산시 ○○로길 ○○○, ○○○호		
직 업	상업	사무실 주 소	생략
전 화	(휴대폰) 010 - 4435 - 0000		
기타사항	이 사건 폭행사고의 가해자입니다.		

3.손해배상(기) 청구의 소

청구취지

1. 피고는 원고에게 금 10,317,590원 및 이에 대하여 ○○○○. ○○. ○○.일 부터 이 사건 소장의 부본 송달 일까지는 연 5%의, 그 다음날부터 다 갚는 날까지는 연 12%의 각 비율로 계산한 돈 지급하라.

2. 소송비용은 피고의 부담으로 한다.

3. 위 제1항은 가집행할 수 있다.

   라는 판결을 구합니다.

청구원인

1. 피고의 불법행위

○ 원고는 ○○○○. ○○. ○○. ○○:○○경 경기도 화성시 ○○로 ○○, 소재 피고가 운영하는 식당에서 생태찌개를 주문하였습니다.

○ 그런데 피고가 고용한 식당 종업원이 손님인 원고에게 너무 불친절하게 대해 다른 종업원으로 바꿔 달라고 하였습니다.

○ 이에 피고는 원고를 잠깐 보자고하면서 식당 밖으로 나오라고 하더니 느닷없이 원고의 얼굴을 수회 때리고, 그 충격으로 비틀거리자 다시 발로 원고의 다리를 걷어차 바닥에 넘어뜨렸습니다.

○ 이로 인하여 원고는 약 22일간의 치료를 요하는 비골의 골절상, 요추간판 탈출증 등의 상해를 입었습니다.[1]

2. 손해의 발생 및 범위

가. 발생된 손해의 범위

(1) 원고는 피고의 불법행위로 인하여 비골의 골절상 등을 입어 ○○○○. ○○. ○○.경 및 ○○○○. ○○. ○○.에 경기도 화성시 ○○로 ○○, ○○외과의원에서 검사 및 진단을 받았습니다.

(2) 이에 검사 및 진단비로 합계 금 1,188,210원[2] 의 진료비가 발생하였습니다.

(3) 한편 비골골절 등의 진료를 위하여 ○○○○. ○○.○○.부터 ○○○○. ○○. ○○.까지 약 20일간 경기도 화성시 ○○로 ○○, ○○한방병원에 입원 치료를 하였는바, 이로 인하여 진료비 합계 금 929,380원[3] 의 손해가 발

---

1) 갑 제1호증 약식명령 등본, 갑 제3호증 상해진단서, 진단서 참조
2) 462,050원+705,190원+20,970원=1,188,210원 갑 제3호증 진료비계산서, 영수증 사본 참조
3) 본인부담금 356,700원+비급여총액 572,680원=929,380원 갑제4호증 입퇴원확인서, 갑 제5호증 입원진료비 계산서, 갑제5호증의 1 요양급여비용명세서 참조

생하였습니다.

(4) 원고는 이 사건 발생 당시 경기도 화성시 ○○로 ○○에 있는 건축공사장
에서 일당 160,000원을 받고 배관공으로 일을 하고 있었습니다.

그런데 위 입원치료를 할 동안 원고는 위 근로활동을 전혀 할 수 없었는
바, 이로써 원고는 합계 금 3,200,000원[4] 의 손해가 발생하였습니다.

(5) 나아가 이 사건의 발생으로 인하여 원고는 그 정신적 고통이 극심하였을
것이고, 위 고통은 지속될 것으로 보입니다.

피고는 이러한 원고의 고통에 대하여 금전적으로나마 위자할 의무가 있다
할 것이며 이 사건의 경우 및 결과 등 제반사정을 감안하면 위자료로 금
5,000,000원을 지급함이 상당하다 할 것입니다.

(6) 결국 원고에게는 합계 10,317,590원[5] 의 손해가 발생하였고, 피고는 불법
행위에 기한 손해배상으로 위 금원을 지급할 의무가 있습니다.

나, 추가적 손해발생부분에 대한 책임

○ 더 나아가 위와 같은 이미 발생된 손해 외에 이 사건 상해행위로 인하여
원고는 추가적인 수술 및 치료가 계속적으로 필요한 것으로 보이므로 이와
같은 추가적인 손해발생에 대한 부분은 별도로 청구하도록 하겠습니다.

3. 결론

○ 따라서 피고는 원고에게 손해액 합계 10,317,590원 및 이에 대하여 원고가 퇴
원한 다음날인 ○○○○. ○○. ○○.부터 이 사건 소장의 부본 송달 일까지는
연 5%의, 그 다음날부터 다 갚는 날까지는 소송촉진 등에 관한 특례법상의
연 12%의 각 비율에 의한 금원을 지급할 의무가 있으므로 이 사건 청구에 이
르렀습니다.

---

4) 1일 160,000원×20일=3,200,000원 갑제6호증 0000. 00. 노무비지급명세서 참조
5) 진료비 1,188,210원+입원진료비 929,380원+일실수익금 3,200,000원+위자료 5,000,000원 = 10,317,5 90원

소명자료 및 첨부서류

1. 갑 제1호증   진단서

1. 갑 제2호증   치료비영수증

1. 갑 제3호증   약식명령서 등본

1. 갑 제4호증   입·퇴원확인서

1. 갑 제5호증   입원진료비영수증

1. 갑 제6호증   요양급여비용명세서

1. 갑 제7호증   노무비지급명세서

○○○○ 년 ○○ 월 ○○ 일

위 원고 : ○ ○ ○   (인)

수원지방법원 오산시법원 귀중

(15)소장 - 손해배상(기) 청구소의 소장 명예훼손 불법행위 손해배상으로 위자료를 청
구하는 소장 최신서식

소   장

원 고 : ○   ○   ○

피 고 : ○   ○   ○

손해배상(기) 청구의 소

소송물 가액금	금	3,000,000 원	
첨부할 인지액	금	15,000 원	
첨부한 인지액	금	15,000 원	
납부한 송달료	금	104,000 원	
비 고			

대구지방법원 서부지원 귀중

소 장

1. 원고

성 명	○ ○ ○	주민등록번호	생략
주 소	대구시 ○○구 ○○로 ○○길 ○○, ○○○호		
송달장소	대구시 ○○구 ○○로길 ○○, ○○○호		
전 화	(휴대폰) 010 - 3343 - 0000		
대리인에 의한 청 구	□ 법정대리인 (성명 : , 연락처) □ 소송대리인 (성명 : 변호사, 연락처)		

2. 피고

성 명	○ ○ ○	주민등록번호	생략
주 소	대구시 ○○구 ○○로 ○길 ○○, ○○○-○○○호		
송달장소	대구시 ○○구 ○○로 ○길 ○○, ○○○호		
전 화	(휴대폰) 010 - 5239 - 0000		
기타사항	이 사건 불법행위자 및 피고입니다.		

3. 손해배상(기) 청구의 소

청구취지

1. 피고는 원고에게 금 3,000,000원 및 이에 대하여 ○○○○. ○○. ○○.부터 소장 부본이 송달된 날까지는 연 5%의, 그 다음날부터 다 갚는 날까지 연 12%의 비율에 의한 금원을 지급하라.

2. 소송비용은 피고의 부담으로 한다.

3. 위 제1항은 가집행할 수 있다.

라는 판결을 구합니다.

청구원인

1. 피고는 ○○○○. ○○. ○○. 13:20경 ○○시 ○○로 ○○○,에 있는 금성빌딩 2층 커피숍에서 사실은 원고가 피고의 자전거를 훔쳐 간 사실이 없음에도 불구하고 마침 커피숍에는 동네의 주민들이나 손님 50여명이 듣고 있는 자리에서 원고에게"자전거를 훔쳐간 도둑놈아 빨리 자전거를 내 놓아라!"라고 고래고래 소리쳐 공연히 허위사실을 적시하여 원고의 명예를 훼손한 사실이 있습니다.

2. 원고는 이 같은 피고의 허위사실유포로 말미암아 정신적인 충격은 말할 것도 없고, 한 동네에서 장사를 하고 있는 원고로서는 졸지에 도둑으로 몰리는 등 경제적 신용상태에 있어서 씻을 수 없는 상처를 받았을 것임은 경험칙상 너무나도 명백하므로 피고는 이를 원고에게 금전적으로나마 위자할 의무가 있다 할 것이고, 그 액수는 원고의 사회적 지위 등 제반 사정을 참작하여 금 3,000,000원으로 정함이 상당하다 할 것입니다.

3. 그러므로 피고는 원고에게 금 3,000,000원 및 이에 대하여 불법행위일인 ○○○○. ○○. ○○.부터 이 사건 소장부본이 송달된 날까지는 민법에서 정한 연 5%의, 그 다음날부터 다 갚는 날까지는 소송촉진등에관한특례법에서 정한 연 15%의 각 비율에 의한 지연손해금을 각 지급할 의무가 있다 할 것이므로 그 지급을 구하고자 이 사건 청구에 이르렀습니다.

소명자료 및 첨부서류

1. 갑 제1호증   벌금 100만 원 약식명령

○○○○ 년 ○○ 월 ○○ 일

위 원고 : ○ ○ ○   (인)

대구지방법원 서부지원 귀중

(16)소장 - 손해배상청구의 소장 인터넷에서 중고 휴대폰구입 물건 보내지 않아 계좌
명의인에게 손해배상 청구소송 소장

소 장

원   고 : ○   ○   ○

피   고 : ○   ○   ○

손해배상(기) 청구의 소

소송물 가액금	금	580,000 원
첨부할 인지액	금	2,900 원
첨부한 인지액	금	2,900 원
납부한 송달료	금	104,000 원
비 고		

청주지방법원 충주지원 귀중

소 　 　 장

1.원고

성　　명	○ ○ ○	주민등록번호	생략
주　　소	충청북도 충주시 ○○로○길 ○○. ○○○		
직　　업	상업	사무실 주　소	생략
전　　화	(휴대폰) 010 - 7761 - 0000		
기타사항	이 사건 사기 피해자입니다.		

2.피고

성　　명	○ ○ ○	주민등록번호	무지
주　　소	무지		
직　　업	무지	사무실 주　소	생략
전　　화	(휴대폰) 무지		
기타사항	이 사건 사기사건의 예금통장대여자입니다.		

3.손해배상(기) 청구의 소

청구취지

1. 피고는 원고에게 금 580,000원 및 ○○○○. ○○. ○○.부터 이 사건 소장부본이 송달 된 날까지는 5%의 그 다음날부터 다 갚을 때까지는 연 12 %의 비율에 의한 돈을 지급하라.

2. 소송비용은 피고의 부담으로 한다.

3. 위 제1항은 가집행 할 수 있다.

   라는 판결을 구합니다.

청구원인

1. 이 사건의 경위

가. 원고는 ○○○○. ○○. ○○. ○○:○○경 인터넷 포털사이트 중고나라에서 판매하는 ○○휴대폰을 580,000원에 구매하고 성명불상자가 제시한 피고 명의의 신한은행 ○○○○-○○-○○○-○○ 계좌로 송금하였습니다.

나. 성명불상자는 원고가 위 휴대폰대금 송금하자 바로 그 다음날 오후에 우체국 택배로 배송하겠다고 했는데 현재까지 위 휴대폰은 배송되지 않고 전혀 연락이 되지 않습니다.

2. 피고의 예금통장 대여

가. 성명불상자는 원고에게 처음부터 휴대전화를 판매하더라도 인도할 의사와 능력이 없었음에도 불구하고 원고에게 휴대폰을 판매하겠다고 속이고 원고로부터 위 휴대폰대금을 피고 명의의 계좌로 송금하게 하고 편취하여 사기죄로 고소하였으나 성명불상자는 현재까지 검거되지 않았고 수사기관에서 계좌명의인 피고를 소환하여 수사를 한바, 피고는 성명불상자로부터 대가를 지급받고 피고 명의의 이 사건 예금통장을 성명불상자에게 건네준 것으로 밝혀졌습니다.

나. 피고 명의의 위 예금통장에는 원고가 위 휴대폰구입대금을 송금하자마자 전액 현금으로 인출하여 한 푼도 돈이 들어 있지 않습니다.

3. 고의에 의한 불법행위

가. 피고는 이 사건의 경위로 보아 사기의 공범으로 보이므로 성명불상자와 함께 원고에게 공동불법행위책임을 부담하므로 피고는 원고가 입은 손해를 배상할 책임이 있습니다.

나. 대법원은 민법 제760조 제3항은 불법행위의 방조자를 공동불법행위자로 보아 방조자에게 공동불법행위의 책임을 부담시키고 있다. 방조는 불법행위를 용이

하게 하는 직접, 간접의 모든 행위를 가리키는 것으로서 손해의 전보를 목적으로 하여 과실을 원칙적으로 고의와 동일시하는 민사법의 영역에서는 과실에 의한 방조도 가능하며, 이 경우의 과실의 내용은 불법행위에 도움을 주지 말아야 할 주의의무가 있음을 전제로 하여 그 의무를 위반하는 것을 말한다. 그런데 타인의 불법행위에 대하여 과실에 의한 방조로서 공동불법행위의 책임을 지우기 위해서는 방조행위와 불법행위에 의한 피해자의 손해 발생 사이에 상당인과관계가 인정되어야 하며, 상당인과관계가 있는지 여부를 판단할 때에는 과실에 의한 행위로 인하여 해당 불법행위를 용이하게 한다는 사정에 관한 예견 가능성과 아울러 과실에 의한 행위가 피해 발생에 끼친 영향, 피해자의 신뢰 형성에 기여한 정도, 피해자 스스로 쉽게 피해를 방지할 수 있었는지 등을 종합적으로 고려하여 그 책임이 지나치게 확대되지 않도록 신중을 기하여야 한다(대법원 2014. 3. 27. 선고 2013다91597 판결 등).

한편, 전자금융거래법 제6조 제3항 제1호는 현금카드 등의 전자식 카드나 비밀번호 등과 같은 전자금융거래에서 접근매체를 양도하는 행위를 원칙적으로 금지하고 그 위반행위를 처벌하는 규정을 두고 있는바, 이는 예금주의 명의와 다른 사람이 전자금융거래를 함으로 인하여 투명하지 못한 거래가 이루어지는 것을 방지함으로써 전자금융거래의 안정성과 신뢰를 확보하기 위한 것이다. 그런데 전자금융거래를 이용하는 목적이나 이를 매개로 이루어지는 개별적인 거래의 내용이 다양하므로, 접근매체의 양도 자체로 인하여 피해자가 잘못된 신뢰를 형성하여 해당 금융거래에 관한 원인계약을 체결하기에 이르렀다고 단정하기는 어렵다. 따라서 접근매체를 통하여 전자금융거래가 이루어진 경우에 그 전자금융거래에 의한 법률효과를 접근매체의 명의자에게 부담시키는 것을 넘어 그 전자금융거래를 매개로 이루어진 개별적인 거래가 불법행위에 해당한다는 이유로 접근매체를 양도한 명의자에게 과실에 의한 방조로 인한 손해배상책임을 지우기 위해서는, 접근매체 양도 당시의 구체적인 사정에 기초하여 접근매체를 통하여 이루어지는 개별적인 거래가 불법행위에 해당한다는 점과 그 불법행위에 접근매체를 이용하게 함으로써 그 불법행위를 용이하게 한다는 점을 명의자가 예견할 수 있어 접근매체의 양도와 불법행위로 인한 손해 사이에 상당인과관계가 인정되어야 한다(대법원 2007. 7. 13. 선고 2005다21821 판결). 그리고 이와 같은 예견가능성이 있는지 여부는 접근매체를 양도하게 된 목적 및 경위, 그 양도 목적의 실현 가능성, 양도의 대가나 이익의 존부, 양수인의 신원, 접근매체를 이용한 불법행위의 내용 및 그 불법행위에 대한 접근매체의 기여도, 접근매체 이용 상황에 대한 양도인의 확인 여부 등을 종합적으로 고려하여 판단하여야 한다(대법원 2015. 1. 15. 선고 2012다84707 판결, 2015. 1. 29. 선고 2012다80606 판결 등).

다. 위 판례와 같이 피고가 자신의 예금통장 또는 현금카드를 성명불상자에게 건네주면 일반인의 경험칙상 자신의 행위가 사기에 이용될 수 있다는 사실을 충분히 예견할 수 있었을 것이므로 피고의 행위와 원고의 손해 사이에 상당인과관계도 인정되므로, 피고는 원고에 대하여 성명불상자와 공동불법행위자로서의 손해배상책임이 있습니다.

4. 결론

그렇다면 피고는 원고에게 580,000원 및 이에 대하여 이 사건 불법행위일인 ○○○○. ○○. ○○.부터 피고가 이 사건 이행의무의 존부 및 범위에 관하여 항쟁함이 상당하다고 인정되는 판결 선고일까지는 민법이 정한 연 5%의, 그 다음날부터 다 갚는 날까지는 소송촉진 등에 관한 특례법이 정한 연 12%의 각 비율에 의한 지연손해금을 지급할 의무가 있습니다.

소명자료 및 첨부서류

1. 갑 제1호증   진정서

1. 갑 제2호증   계좌이체영수증

○○○○ 년 ○○ 월 ○○ 일

위 원고 : ○ ○ ○ (인)

청주지방법원 충주지원 귀중

(17)소장 - 손해배상청구의 소장 인터넷 번개장터에서 가방구입 도주 예금통장대여자
　　　에게 손해배상청구 소장

소　　　　장

원　　고 : ○　　　　○　　　　○

피　　고 : ○　　　　○　　　　○

손해배상(기) 청구의 소

소송물 가액금	금	270,000 원
첨부할 인지액	금	1,300 원
첨부한 인지액	금	1,300 원
납부한 송달료	금	104,000 원
비　　　　고		

서울 남부지방법원 귀중

소   장

1. 원고

성 명	○ ○ ○	주민등록번호	생략
주 소	서울시 양천구 ○○로○길 ○○. ○○○		
직 업	상업	사무실 주 소	생략
전 화	(휴대폰) 010 - 7712 - 0000		
기타사항	이 사건 사기 피해자입니다.		

2. 피고

성 명	○ ○ ○	주민등록번호	무지
주 소	무지		
직 업	무지	사무실 주 소	생략
전 화	(휴대폰) 무지		
기타사항	이 사건 사기사건의 예금통장대여자입니다.		

3.손해배상(기) 청구의 소

청구취지

1. 피고는 원고에게 금 270,000원 및 ○○○○. ○○. ○○.부터 이 사건 소장부본이 송달 된 날까지는 5%의 그 다음날부터 다 갚을 때까지는 연 12 %의 비율에 의한 돈을 지급하라.

2. 소송비용은 피고의 부담으로 한다.

3. 위 제1항은 가집행 할 수 있다.

   라는 판결을 구합니다.

청구원인

1. 이 사건의 경위

가. 원고는 ○○○○. ○○. ○○. ○○:○○경 인터넷 포털사이트 번개장터에서 판매하는 가방을 270,000원에 구매하고 성명불상자가 제시한 피고 명의의 농협은행 ○○○○-○○-○○○-○○ 계좌로 송금하였습니다.

나. 성명불상자는 원고가 위 가방대금 송금하자 바로 그 다음날 오후에 배송하겠다고 했는데 현재까지 위 가방은 배송되지 않고 전혀 연락이 되지 않습니다.

2. 피고의 예금통장 대여

가. 성명불상자는 원고에게 처음부터 가방을 판매하더라도 인도할 의사와 능력이 없었음에도 불구하고 원고에게 가방을 판매하겠다고 속이고 원고로부터 위 가방대금을 피고 명의의 계좌로 송금하게 하고 편취하여 사기죄로 고소하였으나 성명불상자는 현재까지 검거되지 않았고 수사기관에서 계좌명의인 피고를 소환하여 수사를 한바, 피고는 성명불상자로부터 대가를 지급받고 피고 명의의 이 사건 예금통장을 성명불상자에게 건네준 것으로 밝혀졌습니다.

나. 피고 명의의 위 예금통장에는 원고가 위 가방구입대금을 송금하자마자 전액 현금으로 인출하여 한 푼도 돈이 들어 있지 않습니다.

3. 고의에 의한 불법행위

가. 피고는 이 사건의 경위로 보아 사기의 공범으로 보이므로 성명불상자와 함께 원고에게 공동불법행위책임을 부담하므로 피고는 원고가 입은 손해를 배상할 책임이 있습니다.

나. 대법원은 민법 제760조 제3항은 불법행위의 방조자를 공동불법행위자로 보아 방조자에게 공동불법행위의 책임을 부담시키고 있다. 방조는 불법행위를 용이하게 하는 직접, 간접의 모든 행위를 가리키는 것으로서 손해의 전보를 목적으

로 하여 과실을 원칙적으로 고의와 동일시하는 민사법의 영역에서는 과실에 의한 방조도 가능하며, 이 경우의 과실의 내용은 불법행위에 도움을 주지 말아야 할 주의의무가 있음을 전제로 하여 그 의무를 위반하는 것을 말한다. 그런데 타인의 불법행위에 대하여 과실에 의한 방조로서 공동불법행위의 책임을 지우기 위해서는 방조행위와 불법행위에 의한 피해자의 손해 발생 사이에 상당인과관계가 인정되어야 하며, 상당인과관계가 있는지 여부를 판단할 때에는 과실에 의한 행위로 인하여 해당 불법행위를 용이하게 한다는 사정에 관한 예견 가능성과 아울러 과실에 의한 행위가 피해 발생에 끼친 영향, 피해자의 신뢰 형성에 기여한 정도, 피해자 스스로 쉽게 피해를 방지할 수 있었는지 등을 종합적으로 고려하여 그 책임이 지나치게 확대되지 않도록 신중을 기하여야 한다(대법원 2014. 3. 27. 선고 2013다91597 판결 등).

한편, 전자금융거래법 제6조 제3항 제1호는 현금카드 등의 전자식 카드나 비밀번호 등과 같은 전자금융거래에서 접근매체를 양도하는 행위를 원칙적으로 금지하고 그 위반행위를 처벌하는 규정을 두고 있는바, 이는 예금주의 명의와 다른 사람이 전자금융거래를 함으로 인하여 투명하지 못한 거래가 이루어지는 것을 방지함으로써 전자금융거래의 안정성과 신뢰를 확보하기 위한 것이다. 그런데 전자금융거래를 이용하는 목적이나 이를 매개로 이루어지는 개별적인 거래의 내용이 다양하므로, 접근매체의 양도 자체로 인하여 피해자가 잘못된 신뢰를 형성하여 해당 금융거래에 관한 원인계약을 체결하기에 이르렀다고 단정하기는 어렵다. 따라서 접근매체를 통하여 전자금융거래가 이루어진 경우에 그 전자금융거래에 의한 법률효과를 접근매체의 명의자에게 부담시키는 것을 넘어 그 전자금융거래를 매개로 이루어진 개별적인 거래가 불법행위에 해당한다는 이유로 접근매체를 양도한 명의자에게 과실에 의한 방조로 인한 손해배상책임을 지우기 위해서는, 접근매체 양도 당시의 구체적인 사정에 기초하여 접근매체를 통하여 이루어지는 개별적인 거래가 불법행위에 해당한다는 점과 그 불법행위에 접근매체를 이용하게 함으로써 그 불법행위를 용이하게 한다는 점을 명의자가 예견할 수 있어 접근매체의 양도와 불법행위로 인한 손해 사이에 상당인과관계가 인정되어야 한다(대법원 2007. 7. 13. 선고 2005다21821 판결). 그리고 이와 같은 예견가능성이 있는지 여부는 접근매체를 양도하게 된 목적 및 경위, 그 양도 목적의 실현 가능성, 양도의 대가나 이익의 존부, 양수인의 신원, 접근매체를 이용한 불법행위의 내용 및 그 불법행위에 대한 접근매체의 기여도, 접근매체 이용 상황에 대한 양도인의 확인 여부 등을 종합적으로 고려하여 판단하여야 한다(대법원 2015. 1. 15. 선고 2012다84707 판결, 2015. 1. 29. 선고 2012다80606 판결 등).

다, 위 판례와 같이 피고가 자신의 예금통장 또는 현금카드를 성명불상자에게 건네주면 일반인의 경험칙상 자신의 행위가 사기에 이용될 수 있다는 사실을 충분히 예견할 수 있었을 것이므로 피고의 행위와 원고의 손해 사이에 상당인과관계도 인정되므로, 피고는 원고에 대하여 성명불상자와 공동불법행위자로서의 손해배상책임이 있습니다.

4. 결론

그렇다면 피고는 원고에게 270,000원 및 이에 대하여 이 사건 불법행위일인 ○○○○. ○○. ○○.부터 피고가 이 사건 이행의무의 존부 및 범위에 관하여 항쟁함이 상당하다고 인정되는 판결 선고 일까지는 민법이 정한 연 5%의, 그 다음날부터 다 갚는 날까지는 소송촉진 등에 관한 특례법이 정한 연 12%의 각 비율에 의한 지연손해금을 지급할 의무가 있습니다.

소명자료 및 첨부서류

1. 갑 제1호증   피해신고 진정서

1. 갑 제2호증   계좌이체영수증

○○○○ 년 ○○ 월 ○○ 일

위 원고 : ○ ○ ○　(인)

서울 남부지방법원 귀중

제2장

인적사항 사실조회신청서 최신서식

사실조회촉탁신청서

사 건 번 호 : ○○○○드합○○○○호 이혼 및 재산분할 등

원   고 : ○   ○   ○

피   고 : ○   ○   ○

대전가정법원 가사 제○부 귀중

사실조회촉탁신청서

1.원고

성 명	○ ○ ○	주민등록번호	생략
주 소	대전광역시 서구 둔산중로 ○○, ○○○호		
직 업	주부	사무실 주 소	생략
전 화	(휴대폰) 010 - 1567 - 0000		
기타사항	이 사건 원고입니다.		

2.피고

성 명	○ ○ ○	주민등록번호	생략
주 소	대전광역시 서구 둔산중로 ○○, ○○○호		
직 업	상업	사무실 주 소	생략
전 화	(휴대폰) 010 - 4567 - 0000		
기타사항	이 사건 피고입니다.		

3.사실조회촉탁신청

신청취지

위 사건에 관하여 원고는 그 주장사실을 입증하기 위하여 다음과 같이 사실조회를 신청합니다.

4.사실조회의 목적

피고 ○○○가 혼인 기간 동안 부정행위의 상대방과 자신의 휴대폰(○○○-○○○○-○○○○)을 이용하여 연락을 취해 왔다는 점을, 통화내역 조회를 통해 입증하고자 합니다.

5.사실조회기관의 명칭 및 주소

성 명	주식회사 에스케이텔레콤
주 소	서울 중구 남대문로5가 267 SK남산빌딩 2층
대 표 자	대표이사 박정호
전 화	(사무실) 02 - 3709 - 0088
기타사항	에스케이텔레콤 고객지원실

6.사실조회 할 사항

별지 기재와 같습니다.

7.소명자료 및 첨부서류

    (1) 사실조회 할 사항   1통

○○○○ 년 ○○ 월 ○○ 일

위 원고 : ○ ○ ○   (인)

대전가정법원 가사 제○부 귀중

사실조회 할 사항

주식회사 에스케이텔레콤에서 관리하고 있는 휴대전화 ○○○-○○○○-○○○○번 통화내역에 대하여

가. 조회할 번호 : ○○○-○○○○-○○○○

나. 조회할 기간 : ○○○○. ○○.부터 ○○○○. ○○.까지의 통화내역(이 사건 이혼 및 재산분할 등 청구소송의 권리구제를 위해 피고가 부정행위의 상대방과 통화한 내역이 절실히 필요합니다).

- 끝 -

사실조회촉탁신청서

사 건 번 호 : ○○○○가소○○○○호 손해배상(기)

원   고 : ○   ○   ○

피   고 : 무   지

창원지방법원 거창지원 귀중

사실조회촉탁신청서

1.원고

성 명	○ ○ ○		주민등록번호	생략
주 소	경상남도 거창군 거창읍 ○○로길 ○○,			
직 업	상업	사무실 주 소	생략	
전 화	(휴대폰) 010 - 2388 - 0000			
기타사항	이 사건 원고 겸 피해자입니다.			

2.피고

성 명	무지		주민등록번호	무지
주 소	무지			
직 업	무지	사무실 주 소	무지	
전 화	(휴대폰) 무지			
기타사항	이 사건 피고 겸 가해자입니다.			

3.사실조회촉탁신청

신청취지

위 사건에 관하여 원고는 피고의 인적사항을 파악하고 피고를 특정하여 피고에게 소장의 부본을 송달하기 위함입니다.

4.사실조회의 목적

○○○○. ○○. ○○. ○○:○○경 경상남도 거창군 거창읍 ○○로 ○○,소재한 한 코인 노래방에서 피해자 원고 ○○○과 가해자 성명미상 사이에 있었던 폭행사건 (거창경찰서 사건번호 ○○○○형제○○○○호)의 가해자 ○○○에 대한 인적사항의 성명과 주민등록번호 및 주소를 확인하고자 합니다.

5.사실조회기관의 명칭 및 주소

성 명	경상남도 거창경찰서
주 소	경상남도 거창군 거창읍 중앙로 97,
대 표 자	경찰서장 김인규
전 화	(사무실) 182
기타사항	형사과 형사1팀 수사관 ○○○경사

6.소명자료 및 첨부서류

(1) 사실조회 할 사항   1통

○○○○ 년 ○○ 월 ○○ 일

위 원고 : ○ ○ ○   (인)

창원지방법원 거창지원 귀중

사실조회 할 사항

    귀 수사기관에서 현재 조사 중인 사건(거창경찰서 ○○○○형제○○○○호) 피의사건의 담당 형사 : 형사1팀 ○○○수사관)에 관하여,

1. 위 범인에 대하여 귀 수사기관이 파악하고 있는 피의자에 대한 인적사항(성명, 주민등록번호, 주소, 연락처)을 확인하여 주시기 바랍니다.(범인에 대한 손해배상(기)청구소송의 권리구제를 위해 그 인적사항의 확인이 절실히 필요합니다).

끝

금융거래 정보제출명령 신청서

사　　건 :　○○○○가소○○○○호　대여금

원　　고 :　○　　　○　　　○

피　　고 :　○　　　○　　　○

수원지방법원 평택지원 귀중

금융거래 정보제출명령 신청서

1.원고

성 명	○ ○ ○	주민등록번호	생략
주 소	경기도 평택시 ○○로 ○○길 ○○○, ○○○호		
직 업	회사원	사무실 주 소	생략
전 화	(휴대폰) 010 - 7723 - 0000		
기타사항	이 사건 채권자입니다.		

2.피고

성 명	○ ○ ○	주민등록번호	보정하겠습니다.
주 소	보정하겠습니다.		
직 업	무지	사무실 주 소	생략
전 화	(휴대폰) 010 - 1456 - 0000		
기타사항	이 사건 채무자입니다.		

3.사실조회촉탁신청

신청취지

위 사건에 관하여 원고는 그 주장사실을 입증하고자 다음과 같이 사실조회를 신청합니다.

- 다 음 -

4.사실조회의 목적

원고는 피고의 계좌로 이체하는 방법으로 송금하여 대여하였는바, 피고의 실명과 계좌개설 금융기관 말고는 피고의 인적사항을 전혀 알고 있지 못하고 있어, 소송 진행이 불가능해질 수 있으므로 사실조회를 신청합니다.

5.사실조회 할 곳

주식회사 우리은행

서울시 중구 소공로 51,(회원동 1가)

대표이사 이광구

6.조회할 자의 인적사항

성   명 : ○   ○   ○

계좌번호 : ○○-○○-○○-○○○○

7.사실조회 할 사항

별지 기재와 같습니다.

8.소명자료 및 첨부서류

(1) 조회할 사항 부본

○○○○ 년 ○○ 월 ○○ 일

위 원고 : ○   ○   ○   (인)

수원지방법원 평택지원 귀중

사실조회 할 사항

　주식회사 우리은행 계좌번호 ○○-○○-○○-○○○○에 대한 예금주의 성명·주소· 주민등록번호를 확인하여 주시기 바랍니다.

　위 조회사항에 대하여 적정히 답변하여 주시고, 관련 자료의 사본을 송부해　주 시기 바랍니다.

이　　상

사실조회신청서

사　건 :　○○○○가소○○○○호　대여금

원　고 :　○　　　○　　　○

피　고 :　○　　　○　　　○

수원지방법원 오산시법원 귀중

사실조회신청서

1.원고

성 명	○ ○ ○	주민등록번호	생략
주 소	경기도 오산시 ○○로 ○○길 ○○○, ○○○호		
직 업	상업	사무실 주 소	생략
전 화	(휴대폰) 010 - 7722 - 0000		
기타사항	이 사건 채권자입니다.		

2.피고

성 명	○ ○ ○	주민등록번호	보정하겠습니다.
주 소	보정하겠습니다.		
직 업	무지	사무실 주 소	생략
전 화	(휴대폰) 010 - 4567 - 0000		
기타사항	이 사건 채무자입니다.		

3.사실조회촉탁신청

신청취지

위 사건에 관하여 원고는 그 주장사실을 입증하고자 다음과 같이 사실조회를 신청합니다.

- 다 음 -

4.사실조회의 목적

소송 진행에 필요한 피고의 주민등록번호, 주소 등 구체적인 인적사항을 확인하기 위함입니다.

5.

사실조회 할 기관1

성 명	주식회사 엘지유플러스
주 소	서울시 용산구 한강대로 32
대 표 자	대표이사 하현회
전 화	(사무실) 1644 - 7009
기타사항	이 사건 사실조회 할 기관1 입니다.

사실조회 할 기관2

성 명	주식회사 케이티
주 소	경기도 성남시 분당구 불정로 90(정자동 206번지)
대 표 자	대표이사 황창규
전 화	(사무실) 1588 - 0010
기타사항	이 사건 사실조회 할 기관2 입니다.

사실조회 할 기관3

성 명	주식회사 에스케이텔레콤
주 소	서울시 중구 을지로 65(을지로 2가) SKT-타워
대 표 자	대표이사 박정호
전 화	(사무실) 080 - 011 - 6000
기타사항	이 사건 사실조회 할 기관3 입니다.

6.사실조회 할 사항

별지 기재와 같습니다.

7.소명자료 및 첨부서류

(1) 사실조회할 사항 부본

○○○○ 년 ○○ 월 ○○ 일

위 원고 : ○   ○   ○   (인)

수원지방법원 오산시법원 귀중

사실조회 할 사항

　휴대폰번호 "○○○ - ○○○○ - ○○○○"의 귀 통신사 가입 시 가입자의 이름 및 주민등록번호, 주소, 연락처 등 확인가능 한 인적사항 일체.

이　　상

■ 편 저 대한법률콘텐츠연구회 ■

(연구회 발행도서)

· 불송치결정 이의신청서 재수사요청
· 공소장 공소사실 의견서 작성방법
· 불기소처분 고등법원 재정신청서 작성방법
· 청구취지 원인변경 소의 변경 보충·정정 작성방법
· 청구이의의 소 강제집행정지 제3자이의의 소
· 음주운전 공무집행방해 의견서 작성방법
· 불기소처분 고등법원 재정신청서 작성방법
· 경찰서 진술서 작성방법

불법행위에 기인한 손해배상 위자료 청구소송
명예훼손 · 모욕 · 폭행 · 상해 · 협박 등 실무지침서

불법행위 손해배상 위자료청구

2024년 06월 20일 인쇄
2024년 06월 25일 발행

편 저 대한법률콘텐츠연구회
발행인 김현호
발행처 법문북스
공급처 법률미디어

주소 서울 구로구 경인로 54길4(구로동 636-62)
전화 02)2636-2911~2, 팩스 02)2636-3012

홈페이지 www.lawb.co.kr
페이스북 www.facebook.com/bummun3011
인스타그램 www.instagram.com/bummun3011
네이버 블로그 blog.naver.com/bubmunk

등록일자 1979년 8월 27일
등록번호 제5-22호

ISBN 979-11-93350-54-6 (13360)

정가 28,000원